Fabulate 2

Fabulate 2

Randbemerkungen zu Kampfkunst und Philosophie

von Helmut Barthel

MAV Verlag

Bibliografische Information der Deutschen Nationalbibliothek:
Die Deutsche Nationalbibliothek verzeichnet diese Publikation in der Deutschen Nationalbibliografie;
detaillierte bibliografische Daten sind im Internet über http://dnb.d-nb.de abrufbar.

Helmut Barthel, "Fabulate 2"

Rechte für diese Ausgabe:
MA-Verlag, Stelle-Wittenwurth
ma-verlag@gmx.de
1. Auflage 2021

Satz. Layout und Umschlaggestaltung:
MA-Verlag

Bildnachweise:
Fotos: © MA-Verlag
Zeichnungen, Grafiken und Kalligrafie:
Beate Schwab, Gina Rix und Iris Eller, © MA-Verlag

Herstellung:
tredition GmbH, Halenreie 40-44, 22359 Hamburg

ISBN 978-3-925718-44-1

Und das ist der springende Punkt, der Streit,
die haarscharfe Linie, nichts, was es gibt,
noch was gelten soll,
jemals zu akzeptieren oder hinzunehmen.

H.B.

Inhalt

YIN & YANG 79

Das CH'I-Konzept

Erstveröffentlicht in MARTIAL ARTS
Magazin für Kampfkunst und Philosophie
Nr. 1 (November 1982)
Nr. 2 (März/April 1983)
Nr. 3 (August/September 1983)

Ch'i - Ein umstrittener Begriff
Teil 1

Ch'i - Überprüfbarkeit
in der körperlichen Praxis

Der technische Ch'i-Begriff und seine Verwendung
Teil 2

Die philosophischen, geschichtlichen und
praktischen Werte des Ch'i-Konzepts
Teil 3

CH'I - Ein umstrittener Begriff

Das Ch'i-Konzept - Teil 1

In den chinesischen und japanischen Kampfkünsten ist der Begriff Ch'i oder Ki scheinbar eine feststehende Größe. Zumeist kann Ch'i in seiner Bedeutung für die einzelnen Kampfkünste als hintergründige Energie identifiziert werden, deren Kausalnexus bis in die kosmische Unendlichkeit reicht. Diese Energie wird damit ebenso umfassend und absolut wie geheimnisvoll.

Man kann auch sagen, dass überall dort, wo unsere Neugier oder unser Wissensdrang aufhört, in kausaler Logik das Ch'i als letzte Instanz für Energiewirkung und -ursachen eingesetzt wird.

Koichi Tohei schreibt in seinem "Ki-Buch":

Der Mensch entstammt wie jedes andere Geschöpf und jeder Gegenstand dem "Fast Nichts", der unteilbaren Substanz, aus der das Universum geschaffen ist. Das ist Ki. Die Christen nennen es "Gott", die Buddhisten "Buddha", die Anhänger des Soka Gakkai "Gohonzon". Dies alles sind Namen aus verschiedenen Sprachen und Kulturen für die gleiche Sache, genauso wie wir im Japanischen "te" und im Deutschen "Hand" sagen.

Das absolute Universum war ursprünglich eins. Zwei entgegengesetzte Kräfte traten auf, und die Welt des

Relativen war erschaffen. Wir neigen dazu zu glauben, die Welt des Relativen, die wir um uns herum sehen und hören, sei die einzige, und so vergessen wir die Welt des Absoluten dahinter. Die absolute Menge des Ki des Universums ist konstant und immer im Fluss. So heißt es im Buddhismus: "Es gibt keine Geburt und kein Vergehen, weder Beschmutzung noch Reinheit, weder Zunahme noch Abnahme."[1]

Die Absicht einer solchen Denkweise ist deutlich und durchaus, wie von Tohei auch angedeutet, zeit- und kulturunspezifisch. Das heißt: Der darin enthaltene Trick, sein Denken und Handeln zu verbiegen und vermeintlichen Instanzen (Stärkeren, Mächtigeren) zwecks Orientierung anzugleichen, ist alt. Furcht vor Verlust und Unsicherheit verführen dazu, die Grenzen des vertrauten Wissens bestenfalls zu modifizieren und dahinter das Absolute oder Unendliche anzusiedeln, z.B. Gott, Ki bzw. Ch'i. Eine daraus folgende Urkraft oder Urwirkung entspräche dann der Grenze unseres Wissens.

Dazu sagt Chang Chun-Yuan in "Tao, Zen und schöpferische Kraft":

Wir dürfen uns nicht durch die Erwähnung von solchen Begriffen wie Geist und Himmel täuschen lassen. Die gesamte Ausrichtung der Schule des Ch'i ist rein materialistisch.

---

[1] Koichi Tohei: "Das KI-Buch", Kristkeitz Verlag, Berlin 1981, S. 15 f.

Bis in die Zeit von Chang Tsai [1020-1077 n. Chr.], *den ich oben erwähnt habe, betrachtete man die Schöpfung in rein materialistischer Sicht als eine Angelegenheit der Entstehung der Ursubstanz, d.h. in Begriffen des Ch'i oder Äthers. Später gaben sich die Philosophen mit dieser Sicht der Schöpfung jedoch nicht zufrieden. Chen Yi und Chu Hsi aus dem elften und zwölften Jahrhundert glaubten, hinter dem Materialismus des Ch'i müsse es noch ein letztes Prinzip geben, welches seinen schöpferischen Charakter bestimmt. Dieses Prinzip bezeichneten sie als Li.*

Chu Hsi sagt: "Die Schöpfung des Menschen hängt einfach ab von der Vereinigung des Prinzips mit dem Äther. Wahrlich, das Himmlische Prinzip (T'ien Li) ist endlos und unerschöpflich. Alles menschliche Vermögen der Sprache, Bewegung, des Denkens und Handelns stammt allein vom Äther her. Und doch ist diesem Äther das Prinzip inhärent." Li ist die formale Ursache, Ch'i die materielle Ursache. In der metaphysischen Welt, jenseits von Substanz, ist Li oder Prinzip. Alle Dinge, der Mensch eingeschlossen, müssen im Augenblick ihrer Schöpfung Li empfangen, um ihr einzigartiges Wesen zu begründen.

Die Welt des Prinzips ist endlos und rein, aber leer. Sie ist in sich selbst gestalt- und formlos, obwohl sie alle Formen hervorbringt. Sie ist ohne Wille oder Macht. Nur in Verbindung mit der materiellen Welt des Ch'i manifestiert sie sich in der Welt der Sinne. Prinzip ist ewig und transzendiert Zeit und Raum. Baut man ein Haus, so wird es aus substantiellen Gegenständen zusammengesetzt, aus Ziegeln, Holz und Mörtel. Aber es muss einen Plan geben, der diese Substanzen zu einem sinnvollen Ganzen versammelt. Das Material ist Ch'i, der Plan ist Li. Wenn das Haus dem Plan entsprechend gebaut ist, dann manifestiert es Li in seiner konkreten Form.[2]

Tohei wird in seinen Schlussfolgerungen noch deutlicher:

Was braucht man alles zum Leben? Essen, Wohnung, Kleidung, Wasser, Luft. Aber fehlt da nicht etwas? Doch, Ki - etwas so Grundlegendes für das Leben, dass wir es oft genug einfach vergessen.

Jemand geht ans Meer, schöpft mit seinen Händen etwas Wasser heraus und ist überzeugt: "Das ist mein Wasser." In einem gewissen Sinn hat er natürlich recht, eine Zeitlang gehört es ihm. Aber eigentlich und letztlich gehört es dem Meer. Ob er es am Strand durch die Hände in den Sand rinnen lässt oder ob es verdunstet, als Teil einer Wolke kondensiert und als Regen wieder zur Erde fällt - "sein" Wasser wird immer ins Meer zurückkehren.

Genauso ist es auch mit unserem Leben. Mit unserem Körper umschließen wir einen kleinen Teil des Universums und sagen: "Das bin ich." Aber das Ki, das uns Leben gibt, ist ein Teil des Ki des Universums - in genau

---

[2] Chang Chung-Yuan: "Tao, Zen und schöpferische Kraft", Eugen Diederichs Verlag, Düsseldorf/Köln, S. 57 f.

demselben wirklichen und konkreten Sinn wie die Tatsache, dass jene Handvoll Wasser ein Teil des Meeres ist.

Der Spaziergänger am Strand muss sich jedoch eigens hinabbeugen, um Wasser aus dem Meer zu schöpfen, während man die Lebenskraft andauernd und unwillkürlich empfängt. Unser persönliches Ki ist untrennbar mit dem Ki des Universums verbunden und tauscht sich ständig mit ihm aus. So ist die Essenz des Lebens ein dauerndes wechselseitiges Strömen und Zurückströmen zwischen unserem Ki und dem des Universums. Ist der Strom stark und wird er nicht behindert, sind wir gesund. Hält der Fluss zeitweise an, werden wir bewusstlos. Hält er ganz und endgültig an, so sterben wir.[3]

Wird hier nicht die Einsicht vermieden, dass wir uns, wie viel wir auch spekulieren mögen, tatsächlich auf unsere Körpermaße beschränken? Mit dieser vermiedenen Einsicht ist gleichzeitig der Versuch verbunden, doch noch über seine Grenzen zu stoßen und eine Verbindung zur Unendlichkeit des Absoluten, d.h. zum Universum herzustellen. Auf diese Weise scheint selbstverständlich die eigene Unendlichkeit gesichert.

Tohei findet auch hier einen passenden Vergleich:

Wird ein Auto oft gefahren, bleibt die Batterie geladen. Ebenso wird das Ki, das man durch die tägliche

---

[3] Koichi Tohei: "Das KI-Buch", Kristkeitz Verlag, Berlin 1981, S. 12 f.

Arbeit verbraucht, immer wieder von Grund auf durch das Ki des Universums erneuert. Lässt man das Auto lange unbenutzt stehen, so führt das zum gleichen Ergebnis, wie wenn man Ki nicht kraftvoll fließen lässt, nämlich zu einer leeren Batterie. Natürlich muss auch eine Batterie in gewissen Abständen nachgeladen werden. Dasselbe gilt für unser Ki. Beim Schlafen, der einzigen Zeit, in der die meisten Menschen fähig sind, sich wirklich zu entspannen, wird unser Ki vollständig erneuert.

In den Phasen tiefer Entspannung, wenn die Gehirnwellen gleichmäßig ruhig geworden sind, empfängt das Gehirn das Ki des Universums.[4]

Die Grenze unseres Wissens als Ursache der Ursachen oder als Urkraft bzw. Urmaterie (Ch'i) wahrgenommen, wird dann zu einer Vermittlungsinstanz zwischen unserer Beschränkung (Körper) und dem Absoluten (Li) oder Geist erhoben.

In dieser Denkmethode werden tatsächliche Schranken bis zur Unkenntlichkeit verwischt. In moderneren Denkschulen des Abendlandes gilt gerade dieses als die Stärke der idealistischen Position, verknüpft mit Denkern wie Hegel, Kant, Schelling, Schopenhauer, Leibniz, Fichte usw. (oder klassisch Plato). Es ist nicht verwunderlich, dass eine solche Denkweise in der Folge Vorstellungen einer nicht fassbaren

---

[4] Koichi Tohei: "Das KI-Buch", Kristkeitz Verlag, Berlin 1981, S. 13

Energie Ch'i, die im Körper zirkuliert, hervorrufen konnte.

Die Überlegung, dieses Ch'i dann zur ungehinderten Zirkulation zu bringen, um Energie zu optimieren, liegt ebenso nahe wie die Idee, Ch'i (Ursubstanz / Energie) zu sammeln und dadurch größere Fähigkeiten zu entwickeln. Dieses soll durch das fleißige Einüben und tiefere Kennenlernen bestimmter Formen (Ch'i Kung) oder Bewegungsformen (Tai Chi Chuan / Pakua / Hsing i) geschafft werden. Körperliche Schranken und begrenztes Wissen sollen so überwunden werden.

Eine Grenze kann man nur überwinden, wenn sie als solche erkannt wird. Solange es noch vermutete Übergänge gibt, ist die Grenze unbedeutend. Erst in ihrer ganzen Konsequenz sichtbar, bietet sie einen genügenden Anhaltspunkt, ihre Überwindung zu erforschen. Das wäre - in unserem Bild gesprochen - Wissenserweiterung und hat mit geheimen Wegen und Kräften nichts zu tun.

Wir haben es verlernt, bei einem einfachen Verständnis der Dinge und Begriffe zu bleiben, bis wir sie zu unserem unmittelbaren Nutzen verändern können.

Das Wort "Geist" z.B. ist in seiner ursprünglichen Bedeutung nichts anderes als eine starke Gemütsreaktion des Erschreckens und Erschauerns, die jeder verstehen kann. Erst in der weiteren Entwicklung gab es die Verknüpfung zu Geistern und Gespenstern als unabhängigen Erscheinungen bis hin zur heutigen Bedeutung dieses Wortes. Mit dem Wort "Geist" kann man folglich eine Menge andeuten, aber nichts Genaues sagen.

Nicht anders ist es mit dem ursprünglichen Begriff Ch'i: Er setzt sich aus dem Zeichen für Dunst oder Dampf 气 und dem Zeichen für gedroschenes Getreide 米 zusammen. Daraus entstanden leichtfertig Interpretationen in Sicht auf Atemübungen (Luft) oder in Sicht auf Kraft (Dampf oder Dunst / zirkulierende Ursubstanz). Genaugenommen bleibt aber nur der Begriff "dampfendes Getreide".

Atemtechniken kennen wohl die meisten als komplizierte Übung, den mechanischen Vorgang des Ein- und Ausatmens mit verschiedenen Methoden zu steuern.

An dem Problem der Atemtechnik kann aufgezeigt werden, wie der Weg von einem einfachen Verständnis zu einer sophistischen Interpretation verläuft:

Ch'i ist nicht nur ein philosophischer Begriff, der seinen Standort lediglich im Denken hat. Er wird, da seine Grundbedeutung "Atem" bzw. "Atmen" ist, wesentlich durch Atem-Übung lebendig, empfindbar, wirksam.[5]

---

[5] Erich W. und Ilse R. Stiefvater: "Chinesische Atemlehre und Gymnastik", Haug Verlag, Ulm/Donau, 2. Auflage 1980, S. 29

Wenn wir dagegen bei der Ch'i-Übersetzung tatsächlich einmal von Luft oder Atmen ausgehen, dann gibt es über den alltäglich vertrauten Vorgang der Atmung hinaus keinen besonderen Anhaltspunkt für etwas, das zum Erwerb, Erhalt oder zur Vermehrung von Ch'i wichtig wäre.

Danach wäre keine Technik notwendig, die sich unmittelbar auf das Atmen bezieht. Eher könnte der Vorgang der natürlichen und bei einzelnen Menschen durchaus verschiedenen Atmung hier zur Orientierung für das Einfache und Beständige einer Funktion erscheinen, mit anderen Worten, jede Technik bzw. Kunst würde in diesem Falle die einfachste und ständig zugängliche Funktion einer Bewegung - z.B. Atmung - zum Maßstab erheben.

Damit wäre die Möglichkeit eines Ch'i-Konzeptes angedeutet, das eine Methode des Sammelns, Kultivierens und Modifizierens einer - nicht einmal nachweisbaren - Ur- bzw. zirkulierenden Vitalkraft in seiner praktischen und theoretischen Verwendbarkeit weit übertrifft.

Der Maler Wang Yang-Ming sagt:

"... worauf wir nicht in Liebe zugehen (also mit einfachem Verständnis - Anmerkung des Autors), *bleibe für uns ein Land des Todes."*[6]

---

[6] Erich W. und Ilse R. Stiefvater: "Chinesische Atemlehre und Gymnastik", Haug Verlag, Ulm/Donau, 2. Auflage 1980, S. 30

Im Kapitel "Ch'i-Konzept - Teil 2" wird noch weitreichender, als dieses Zitat es ahnen lässt, nachgewiesen, dass ein derartiges Verständnis von Ch'i methodisch und mit großer Effizienz in bestimmten Schulen der Taoisten oder später Chan-Buddhisten auf Künste oder Techniken angewendet wurde. Die chinesischen Umschreibungen "darauf herumkauen" oder "begießen" für das Üben einer Technik oder Kunst (shu) deuten auf ein solch einfaches Verständnis von Technik und Übung hin.

Auch hier zeigt sich, dass der einfach gefühlte Kontakt mit der Atmung (etwa wie "auf der Luft herumkauen") nur ein abstraktes Konzept zur Erreichung eines Zieles bedeutet, für das wir in unserem Kulturkreis etwa die Begriffe "Konzentration" oder "geringfügigster Aufwand mit größtmöglicher Wirkung" einsetzen würden.

Es könnte gut sein, dass bei der Komplizierung einer einfachen Übung mit einfachem Sinn (Atmung als direktester Kontakt mit der Luft) eben dieses Ziel ins Geheimnisvolle abgleitet und natürlich auch die Methode (z.B. Kauen der Luft).

Der Meister einer Kampfkunst verfügt möglicherweise über eine große Körperkontrolle. Seine Bewegungen sind verschleißarm. Durch langes Üben und praktische Kenntnisse der statischen Verhältnisse im Körper (Körperhaltungen und -posituren) und innerer Körperräume (Gelenke) ist es wahrscheinlich, dass er Bewegungen von solcher Effizienz und Kürze mit geringstem Kraftaufwand verbindet, dass dieses einem Laien, der weniger Wissen darüber hat, äußerst geheimnisvoll erscheinen mag.

In unserer Sprache und unserem Verständnis wie auch in unseren Wissenschaften gibt es durchaus genügend Begriffe und Wege, eine hoch entwickelte Körperbeherrschung zu beschreiben, zu verstehen und weiterzuentwickeln. Dazu braucht man keinen dampfenden Reis (Ch'i) zu bemühen.

Man könnte aber auch das ursprüngliche Ch'i als ein Konzept verstehen, das immer wieder auf die einfachsten Dinge (Luft, Atmen etc.) zurückführt. Im positiven Sinne eine Rückkehr auf erkannte Grenzen des Wissens und des Denkens, um von dort das ursprüngliche Denken bzw. Wissen wiederaufzunehmen und weiterzuentwickeln und es nicht im Nebel der Spekulation zu ersticken.

Ch'i wäre auf diese Weise weniger eine geheimnisvolle Kraft als vielmehr eine Methode, in Verbindung mit dem zunehmenden Wissen um den Körper und die Natur, in unmittelbarster Form bzw. Einfachheit die Technik, d.h. den kontrollierten Zugriff auf vorhandene und verstehbare Energie und Kräfte, zu verfeinern und zu verbessern.

Höllentor

Höllentor
wird nicht halten,
kurz davor
Ch'i-Gewalten

Appendix

Ich war auf einer Wanderschaft,
finster, finster, finster, finster,
vollkommen leer, der Rest der Kraft
war'n die Fäden der Gespinster.

Nirgends gab es ein Entweichen,
nicht einmal den Horizont
konnt' ich mit dem Blick erreichen,
überall die dunkle Front.

Soweit ich Schritte zählen konnte,
verändert' doch die Gegend nichts,
die sich im trüben Abglanz sonnte,
der Finsternisse letzten Lichts.

Begann ich mich zu arrangieren
und setzte mich zur kurzen Ruh',
dann ging es noch mit mir spazieren,
und ich wurd' folgsam wie ein Schuh.

Es hört' nicht auf, sich zu bewegen,
und doch zerbrach es immerfort,
und drang es stark, mich zu erregen,
verödet' 's schon am selben Ort.

Und ganz bestimmt war ich getrieben
von Unabsehbarkeit und Zeit,
davon ist nichts zurückgeblieben,
als dann ein Lidschlag mich befreit'.

Was war das nur den ganzen Morgen,
nicht wenig war ich doch verwirrt,
denn schließlich blieb mir nicht verborgen:
Ich hab' mich im Gehirn verirrt.

Ch'i - Überprüfbarkeit in der körperlichen Praxis

Der technische Ch'i-Begriff und seine Verwendung

Das Ch'i-Konzept - Teil 2

1982 rief die Veröffentlichung des ersten Teils des Ch'i-Konzepts im Martial Arts Magazin bei einigen Lesern eine starke Reaktion hervor. Die Mehrheit empfand den Inhalt als ketzerisch und sah darin auf mehr oder weniger unqualifizierte Weise die legendäre Ch'i-Kraft kritisiert. Eine Minderheit empfand den Artikel als wohltuende Stellungnahme gegen den vermeintlich mystischen Unsinn, der sich hinter dem Ch'i-Begriff verbirgt.

Beide Seiten musste ich darauf aufmerksam machen, dass sie den Artikel offenbar nicht gründlich genug gelesen hatten. Am Ende der Einleitung zu diesem schwierigen Thema, meine ich, machte ich deutlich, dass ich in dieser Serie die Existenz eines ausgesprochen sinnvollen Denkkonzeptes aufzeigen möchte, welches sich mit dem hintergründigen Wort Ch'i verbindet. Dazu ist es erforderlich, auf den kultur- und geschichtsspezifischen Zusammenhang dieses Begriffes einzugehen. Unvermeidlich fallen dann jedoch alle wundersamen Effekte und metaphysischen Spekulationen fort, die sich im Laufe der Zeit in geradezu folkloristischem Sinne gebildet haben, wie bei anderen Begriffen (z.B. Tao) auch.

Ich werde deshalb an dieser Stelle noch einmal die Bedeutung des Schriftzeichens selbst anhand eines Zitats aus dem Buch "Chinesische Atemlehre und Gymnastik", von Erich W. und Ilse R. Stiefvater, beleuchten:

*Das Zeichen 氣 = ch'i hat nach dem "Chinesisch-Deutschen Wörterbuch" von Werner Rüdenberg[1] folgende Bedeutung: **Luft**, Gas, Äther, Dunst, Dampf; Hauch, **Atem**; Atmosphäre; **Einfluss**, Ausfluss, Macht. **Lebenskraft**; **Geist**, Gefühl; Zorn, Laune; **Wesen**, Art, Benehmen, Zustand.*

氣

Ch'i oder Tchi

氣 氣 ist eine Zusammensetzung von 气 Tchi oder Ch'i, Dampf oder Dunst (ursprünglich auch 三 geschrieben) und 米 Reis oder vielmehr Getreide.

气 气 ist ein Bild von Dunst, der von der Erde aufsteigt und in der Höhe Wolken bildet.

米 heißt Getreide, dargestellt durch vier Körner, und 十 zeigt die Trennung der Körner durch den Vorgang des Dreschens.

---

[1] Werner Rüdenberg: "Chinesisch-Deutsches Wörterbuch", Hamburg 1958, Cram, de Gruyter & Co.

 heißt dann: Dampf steigt aus dem heiß gekochten Getreide. Dieses Schriftzeichen ersetzt schon von längerer Zeit her das ältere Schriftzeichen .

 ist die noch ältere Form, wobei  die Flammen oder die aufsteigenden Flammen darstellt.

Nach dem 1716 herausgegebenen philosophischen Wörterbuch "K'ang Hsi Tzu Tien" bedeutet ch'i "Atmen". Andere Quellen[2] definieren: "Ch'i ist der Ursprung des Lebens." Oder: "Yin und Yang heißen die beiden ch'i: sie erzeugen in gegenseitiger Bewegung alle Dinge." Oder: "Atmen, d. h. das Herauskommen und Hineingehen beim Aus- und Einatmen." Und im "Tz'u Yüan" heißt es: "Etwas, dessen Form und Stoff nicht zu sehen ist, das aber diese - wechselseitig bewegend - beeinflusst."

In den modernen westlichen Büchern über Akupunktur hat sich für ch'i die Übersetzung "Energie" eingebürgert. Dies kann leicht zu Missverständnissen führen, insofern der Europäer von heute unter Energie eine ***physikalische*** *Kraft versteht. Dagegen trifft der ebenfalls häufig gebrauchte Ausdruck "Lebenskraft" ("Odem") den Inhalt des ch'i-Begriffes schon besser. Der Begriff der "vis vitalis", die Begriffe "pneuma" oder "spiritus" haben auch im Werden der abendländischen Medizin eine große Rolle gespielt. Auch sie*

---

[2] vgl. Victoria Contag: "Die beiden Steine", Braunschweig 1950, Verlagsanstalt Hermann Klemm

waren komplexe Begriffe, d. h. sie umfassten sowohl seelische als auch physikalische Phänomene.[3]

Man kann mit Hilfe dieser einfachen Deutung bereits ahnen, dass Ch'i in seinem metaphysischen und komplexen Eigenanspruch schon im Ansatz widersprüchlichste Denkmöglichkeiten provoziert, sofern es um eine präzisere Definition als die einer nicht genau fassbaren, hintergründigen Kraft geht. Das wird auch klar, wenn man der allgemeineren Verwendung des Begriffes Ch'i im chinesischen Denken Rechnung trägt, indem man sich vor Augen führt, in wie vielen Zusammenhängen es als fundamentales Element auftaucht. Hierfür einige Beispiele:

"Der Himmel, ... ist nichts weiter als eine Akkumulation von Luft (Ch'i), und es gibt keinen Ort, wo diese Luft nicht ist."

"Das menschliche Leben ist einer Anhäufung des Ch'i zu verdanken, und wenn es zerstreut ist, tritt der Tod ein ... deshalb sagt man, dass es im ganzen Universum ein Ch'i gibt, und deshalb priesen die Sagen diese Einheit."

"Diese Liturgien hießen 'Die wahre Art, das Ch'i anzugleichen' oder 'Die Verbindung des Ch'i von Mann und Frau'."

"Der Himmel wird zeigen, wenn die Zeit der Herrschaft für das Ch'i des Wassers kommt."

---

[3] Erich W. und Ilse R. Stiefvater: "Chinesische Atemlehre und Gymnastik", Haug Verlag, Ulm/Donau, 2. Aufl. 1980, S. 30 f.

"Du musst das Ch'i von Himmel und Erde wahrnehmen, ..."

"Leben entspringt einer Verdichtung des Ch'i von Yin und Yang. ... wie Wasser zu Eis wird, so kristallisiert das Ch'i, um den menschlichen Körper zu formen ..."

"Der Mensch wird geboren durch die beiden Ch'i des Yin und des Yang. Das Yin-Ch'i erzeugt seine Knochen und sein Fleisch; das Yang-Ch'i seinen Lebensgeist."

"Aber das feurige Yang-Ch'i der Sonne kann unabhängig auftreten, und das ist die Ursache von Geistern und Erscheinungen genauso wie die des Blitzes."

"Dieses Solar-Ch'i ist identisch mit dem Ch'i des Himmels."[4]

Um vieles problematischer ist es deshalb, wenn man sich auf das Feld der Ch'i-Bestimmung hinsichtlich menschlicher Energie- und Kraftleistung einlässt.

Das umfasst alle phänomenalen Wirkungen, die bei geringstem Energieaufwand in den Kampfkünsten und in Sicht auf die Gesundheit erzielt werden, wo dem Ch'i die Urheberschaft zugeordnet wird.

---

[4] alle Zitate aus: Joseph Needham, F.R.S., "Science and Civilisation in China", Volume 2, Cambridge University Press, London, New York, Melbourne, 6. Aufl. 1977 - Übersetzung: MA-Verlag

Es ist eine durchaus verbreitete Auffassung, dass die letzte Instanz bzw. Ursache, in unserem Falle das Ch'i, gesammelt werden kann und muss, um die endgültige Wirkung Tsching zu vergrößern. Diesen Umstand hat sie offensichtlich mit der verursachenden Muskel- und Gewichtskraft gemeinsam, wo man sich auch durch verschiedene Techniken bemüht, ein Mehr an verursachender Kraft (Gewichts- und Muskelpotentiale) zu schaffen.

Gewichts- und Muskelkraft sind bekannt und deshalb verstehbar, wohingegen Ch'i, als nicht feststellbare und nur an der Wirkung zu erkennende Ursache, weder richtig zu verstehen noch zu fassen ist. Dennoch gibt es das Konzept, eben solch unfassliches Ch'i etwa wie eine Flüssigkeit oder ein Gas mit ständig sich wandelnden Eigenschaften zu konzentrieren. Dieses verführt offensichtlich dazu, dem Ch'i Eigenschaften und Manifestationen zuzueignen, die der möglichen bohrenden Frage begegnen könnten, was denn nun genau wie und wo konzentriert bzw. gesammelt werden soll.

Ich zitiere an dieser Stelle eine dieser Richtung entsprechende Auffassung aus "Texte zum Verständnis des Tai Chi Chuan", herausgegeben von Frieder Anders:

Die Theoretiker von Tai Chi Chuan sprechen von dem "Ch'i, das in den Tan T'ien sinkt, und dort sich sammelt, oder in dem Körper zirkuliert". Sie sprechen davon, dass das Bewusstsein "das Ch'i mobilisiert" oder dass das "Ch'i den Körper mobilisiert", oder dass das

"Ch'i in den Knochen sich sammelt". Und, auf dem höchsten Stand der Entwicklung fragen sie eben, ob einem die Konzentration des Ch'i die Biegsamkeit eines Kindes gebracht hat. All diese Ausdrücke beziehen sich darauf, dass Energie aus dem Ch'i durch "Massierung" entsteht. Diese Energie ist wie die von "massiertem" Wind oder Wasser einfach unglaublich groß. Wie groß, ist abhängig von der Korrektheit der Unterweisung und vom Ausmaß des Übens (tägliche Übung über eine Anzahl von Jahren).

Mögen wir nie leichtfertig über die Bedeutung von korrektem oder unkorrektem Unterricht denken! ...

Wie sollte denn nun ein Anfänger zu üben beginnen? Die Antwort ist, dass er entspannen soll. Die Entspannung muss überall sein, im ganzen Körper. Und sie sollte durchgängig sein, d. h. ohne die geringste Anspannung irgendwo. Das Ziel ist, jeden Knochen und jeden Muskel des ganzen Körpers weit zu öffnen (als Durchlass für das Ch'i), ohne Hindernis oder Sperrigkeit irgendwo. Wenn er so weit gekommen ist, dann wird er über Ch'i sprechen können. Am Anfang sollte er sein Ch'i direkt in den Tan T'ien sinken lassen. Um das zu tun, muss er erst seine Brust entspannen, denn das Ch'i kann nur frei sinken, wenn die Brust entspannt ist. Nach und nach wird er fühlen, wie sich das Ch'i ansammelt. ("Massierung"). Bald kann er fühlen, wie es durch den Körper zirkuliert. Danach wird der Übende so weit sein, die Bewegung des Ch'i willentlich durch sein Bewusstsein lenken zu können. Diese Bewegung heißt technisch "angetriebene Bewegung", denn es steckt Antriebskraft hinter der Bewegung, so wie bei einem Auto oder Dampfer oder Flugzeug, die sich nicht selbst bewegen, sondern bewegt werden durch die Treibstoff-Energie im Motor. In diesem Sinn werden die Glieder oder andere Körperteile während der Übung nicht durch lokale Exertion oder den Einsatz lokaler Muskelkräfte bewegt, sondern durch die Kraft des Ch'i. Mit anderen Worten, wenn wir im Tai Chi Chuan von "angetriebenen Bewegungen" sprechen, denken wir nicht so sehr an die Stellungen oder Bewegungsformen des Körpers oder seiner Teile, sondern an etwas Unsichtbares, das wir wahrnehmen können als Bewegung des Ch'i.

Im nächsten fortgeschrittenen Stadium kann das Ch'i absorbiert, d. h. in den Knochen aufgenommen und gespeichert werden, wodurch diese dann "wesentlich hart und unzerstörbar" werden, wie die technische Beschreibung heißt. (Das Wesentliche an der Härte kann man am Stahl sehen. Stahl ist biegsam und elastisch, aber wesentlich hart und unzerstörbar.)

Wie kann das Ch'i in einem Knochen absorbiert werden? Das ist nicht leicht zu erklären, aber ich will es versuchen. Jedes Knochenstück eines lebendigen Menschen ist ohne Naht, und wo Knochen zusammentreffen, sind sie durch weiche Sehnen oder Knorpel verbunden. (Deswegen tritt das Ch'i in den Knochen ein oder heraus in einem Vorgang, ähnlich wie Osmose, durch die Hülle und Substanz des Knochens ohne ihn durchlöchern zu müssen.)

Wenn das Ch'i ein gewisses Stadium von Dichte im Tan T'ien erreicht hat, beginnt es überzufließen. Dieses überfließende Ch'i ist physiologisch allgemein bekannt in China als Hsueh Ch'i, wörtlich "das Ch'i des Blutes". Indem dieses "Ch'i des Blutes" im Tan T'ien überfließt, unter dem gemeinsamen Einfluss von Bewusstsein und Ch'i selber, verdichtet es sich und produziert Hitze rund um den unteren Teil der Wirbelsäule. Die Folge ist, dass noch mehr Ch'i erzeugt wird. Wenn dieses Stadium erreicht ist, kann dieses "Ch'i des Blutes" dazu gelenkt werden, das "Tsing Ch'i" in Bewegung zu bringen (was die Essenz des Lebens bedeutet), indem es die weicheren Sehnen und Bänder etc. dazu bringt, die Hitze durch die Knochenwände in die Knochen zu leiten. Auf diese Weise werden die unteren Wirbel "aufgeheizt", das Flüssige in ihnen fängt an zu "schwitzen", so wie die Wand eines Reagenzglases, das mit warmer Luft gefüllt ist, bei Abkühlung schwitzt. Beim Kühlen gerinnt der "Schweiß" zu Mark, das sich eng an die inneren Poren der Knochen anschmiegt. Mit der Zeit werden die Knochen mit dieser Art Mark gefüllt, die durch wiederholtes Aufheizen und Abkühlen hart werden: hart, zäh und unzerstörbar (wie elastischer Stahl). Wenn das Ch'i in die Knochen eingetreten ist und sie fest und unzerstörbar gemacht hat, hat der Übende den höchsten Stand erreicht, wo "Form" und "Funktion" von Tai Chi nicht länger getrennt werden können, sie haben Einheit erlangt. (Nämlich die Einheit des Tai Chi, d. h. des Höchsten Ungeteilten Absoluten, wovon der Name Tai Chi Chuan stammt.) Die Knochen sind nun unzerstörbar, zäh und elastisch, nicht brüchig oder schwach - aber seltsamerweise biegsam wie die eines Kindes. Das ist Verjüngung, oder wenigstens die Möglichkeit dazu. Wenn man diesen fortgeschrittenen

Stand der Reife in seiner Übung erreicht hat, ist man über den Punkt hinausgelangt, an dem man sein Leben ein wenig verlängert und Krankheiten abhält. Es ist kein reiner Unsinn, wenn wir von der extremen Langlebigkeit von Peng Chien (chines. Methusalem) oder Wu Hsien in chinesischen Legenden erzählen.[5]

Wie aus der anfänglichen Begriffsbestimmung deutlich wird, werden hier dem eigentlich umfassenden und nicht näher bestimmbaren Begriff Ch'i physiologische und substantielle Eigenschaften zugeeignet, für die es in diesem Zusammenhang keine überprüfbaren und verstehbaren Grundlagen gibt.

Ch'i wird willkürlich zu einer nicht näher erklärten Substanz, die im Körper zirkulieren kann und sich aus ebenfalls ungeklärten Gründen zu vermehren versteht, wenn man davon absieht, dass es als Anhaltspunkt eine Reihe bestimmter Bewegungsabläufe gibt, die viele Jahre geduldig wiederholt werden müssen, um diesen Prozess in Gang zu setzen. Man könnte daraus entnehmen, dass Ch'i eine chemophysiologische Reaktion auf diese Bewegungsübungen mit der Tendenz zur Vermehrung ist.

Vielleicht, um klassischen Texten im heutigen Sinne gerecht zu werden, wird in diesem Zusammenhang auch

---

5 "Texte zum Verständnis des Tai Chi Chuan", herausgegeben von Frieder Anders, Tai Chi Chuan - Schule für Schattenboxen und chinesische Gymnastik, Frankfurt/M.

die Osmose bemüht, um zu erklären, wie diese Substanz dann durch die Knochenwände in das Mark und von dort aus durch besondere Erhitzung an die Innenwände gelangen, durch Kondensierung abkühlen und in diese wiederum eindringen kann, was die Knochen im Endeffekt härtet und gleichzeitig biegsamer macht. Die Hitze lässt sich wiederum aufgrund der lange geübten spezifischen Bewegungsabläufe auf besondere Weise über die Sehnen und Bänder in die Knochen leiten und kann so den notwendigen Verdunstungs- und Umwandlungsprozess im Knochen bewirken.

Diese Erklärungen sind ebenso einfach wie hergeholt und lassen sich durchaus am besten durch die Analogie mit dem Reagenzglas, das mit Luft gefüllt ist und bei Abkühlung schwitzt, auf den Begriff bringen.

Abgesehen einmal davon, dass es tatsächlich die physiologischen und anatomischen Zusammenhänge nicht berücksichtigt und ihnen schon deshalb ebenso wenig gerecht wird wie dem abstrakteren Ch'i-Begriff, kann damit lediglich begründet werden, weshalb ein didaktisches Konzept, das so mit Tai Chi Chuan in Verbindung gebracht wird, eine Unzahl an Jahren und Wiederholungen notwendig macht, um zu überprüfbaren Ergebnissen zu kommen.

Um zu verdeutlichen, was ich meine, benutze ich einmal ein einfaches Bild: Ein Handwerksmeister könnte seinen Lehrling durchaus damit hinhalten und in eine Abhängigkeit bringen, indem er ihm seine verschiedenen handwerklichen Fertigkeiten generell mit den Erfahrungen und Wiederholungen vieler Jahre erklärt. Er könnte jedoch auch darüber nachdenken, wie er dem Lehrling - dessen Vorauswissen und -können angemessen - einen nachvollziehbaren Aufbau der Fertigkeiten vermittelt. Dabei geht es wirklich nur um die handwerklichen Fertigkeiten, die eben didaktisch vermittelbar sind, und nicht um eine Verquickung mit allgemeinen Lebensauffassungen und -umständen.

Um noch einmal auf das zirkulierende Ch'i zurückzukommen, können wir hier feststellen, dass es immer dort, wo es in komplizierte Funktionen oder unüberschaubare Zusammenhänge gebracht wird, eine ausschließliche metaphysische Lückenbüßerrolle erfüllt. Es scheint mir daher wichtig, solange man von spürbaren und begreifbaren Energie- und Kraftwirkungen spricht oder diese praktiziert, auch in den Erklärungsmodellen bei diesen zu bleiben und einen grundsätzlichen philosophisch-spekulativen Begriff wie das Ch'i nicht auf so unangemessene Weise zu verbrauchen.

Diesen Teil der Serie möchte ich damit abschließen, in Wort und Bild auf ein Beispiel einzugehen, dem häufig Ch'i-Kraft als letzte Erklärung zugeordnet wird. Ich meine den PUSH, d.h. die Wirkung, in der ein Kontrahent unter bestimmten Umständen von kaum oder nicht wahrnehmbarer Kraft plötzlich etliche Meter zurückgeschleudert bzw. -geprellt wird. Wichtig ist dabei aufzuzeigen, dass dieser Vorgang auch völlig anders erklärt, verstanden und gelernt werden kann als unter Zuhilfenahme einer geheimnisvollen Ch'i-Kraft.

Der Autor demonstriert eine Push-Bewegung mit geringfügigem Einsatz.

Durch Anspannung und Entspannung des aktiven Bewegungsapparates wird der Körper bzw. der passive Bewegungsapparat in Bewegung gebracht und gehalten. Diese Bewegung resultiert aus der sich wiederholenden Stabilisierung eines ständig im Fall befindlichen Körpers durch Muskelkontraktion. Kräfte, die durch Muskelspannung und -entspannung entstehen und nach außen wirken, sind durch koordinierte Stütz- und Stabilisierungskontraktionen und durch lokale Entspannung in eine Richtung geschwungene Gewichte, die wiederum durch nachfolgende Kontraktion bzw. Stabilisierung des Gesamtkörpers als statischer Druck an einem gedachten Außenpunkt wirken. Dieser gedachte Druckpunkt bzw. Aufschlagpunkt entspricht dem über die räumliche Wahrnehmung (= visueller, akustischer sowie Tastsinn) anvisierten Brennpunkt. Auf diesen Punkt stellt sich der Kontraktions-/Relaxationsrhythmus als Bewegungsphase ein, um sich dann in der Funktion des Drucks und des Schlages neben der Druck- bzw. Schlag*wirkung* wieder selbst zu stabilisieren. Der räumlichen Orientierung durch Wahrnehmung und ihrer Reflexumsetzung im Muskelbereich wird mit einer für das Bewusstsein nicht wahrnehmbaren Geschwindigkeit, den Verhältnissen und Veränderungen entsprechend, mit körperlichen Reaktionen ständig Rechnung getragen. Jede Stütz- und Stabilisierungsfunktion wirkt der Fallbewegung entgegen und destabilisiert gleichzeitig kurzfristig in die entgegengesetzte Richtung.

Diesem Umstand verdankt nun der mit geringfügigem Aufwand ausgeführte Push seine Wirkung. Wenn ein anvisierter Brennpunkt, der dem endlichen Druckpunkt entsprechen sollte, in einem Bewegungsablauf bzw. -rhythmus schneller oder kürzer als dieser Rhythmus selber aus der Wahrnehmungsorientierung verschwindet oder weiter als ursprünglich anvisiert nach hinten in den Raum verlegt wird, dann wird der auf diesen Brennpunkt gestützte Bewegungsablauf unterbrochen und realisiert eine Umorientierung durch eine kurzfristige Stabilisierung gegen den nach vorn gerichteten Schwung- und Fallablauf. Diese Gegenkontraktion löst eine Schwung- bzw. Fallbewegung in die entgegengesetzte Richtung aus.

Bevor der Reflexbogen eine Verschiebung des anvisierten Druck- bzw. Brennpunktes in der besagten Weise durch eine Gegenreaktion im Gesamtbewegungsablauf realisiert hat, hat der Push-Ausübende bereits den Druckpunkt wieder nach vorn verlagert und bewegt ihn unmerklich in die entgegengesetzte Richtung. Diese unmerkliche Gegenbewegung tritt wegen ihrer Kürze mit dem in der Restabilisierungsphase befindlichen Fall- und Kontraktionsablauf des Kontrahenten in Verbindung und verstärkt - dem Fall und der Kontraktionskraft des Gegners entsprechend - die Rückwärtsbewegung des Angreifers als instabile Fallwirkung. Nur durch eine schnellere Kontraktion in die gleiche Richtung könnte der Gegner dieser Destabilisierung entgegenwirken. Der Kontrahent fängt so jedoch seinen Fall durch einen bewussten Sprung nach hinten auf und muss dies, je nach Geschwindigkeit und Stärke der Fallwirkung, häufiger wiederholen.

Dasselbe gilt auch für den Push, dessen Ausführung das gleichzeitige Öffnen und Schließen des Körpers voraussetzt. Dabei wird der Eindruck erweckt, als würde sich der Praktizierende in der Push-Phase nicht oder kaum bewegen und der Kontrahent wie von einer unsichtbaren Kraft abgeprellt werden.

Tatsächlich ereignet sich dieser Vorgang nicht in demselben Augenblick, sondern ist eine noch mehr auf die unmittelbarste (senkrechte) Fallrichtung bezogene Wechselbewegung von stetiger Spannung und Entspannung.

Dasselbe geschieht, wenn der Angreifer von oben nach unten drückt und dabei seinen Ober- mehr als den Unterkörper anspannt. Durch eine kaum merkliche Verschiebung des Angriffspunktes nach unten wird der Druck des Oberkörpers für den Kontrahenten selbst nach unten wirksam. Seine Reflexe steuern dem durch Kontraktion im unteren und durch Entspannung im oberen Körperbereich entgegen, während der Druckpunkt des Push-Ausführenden sich bereits wieder nach oben bewegt.

Um dieser größeren Geschwindigkeit bzw. Kürze ständiger unvermittelter Stabilitätsverschiebung zu entsprechen, muss der Gegner durch einen unfreiwilligen Sprung einen Sturz nach hinten verhindern.

Für den Betroffenen fühlt es sich häufig so an, als wenn er für diesen Augenblick ungewöhnlich leicht wird. Dieses stimmt damit überein, dass die Wahrnehmung die Wirkungen und Gegenwirkungen der Gewichtsverhältnisse in einer derart kurzen Push-Phase nicht registriert und sich auch die Reflexe dieser bewusst angewendeten Push-Technik nachordnen.

Die Destabilisierungsphase (Rückwärtsbewegung des Kontrahenten) zeigt an, dass die Rück- und Vorverschiebung des Druckpunktes bereits stattgefunden hat.

Fortgeschrittenere Anwendung dieser Bewegungstechnik (Die Bewegung ist von außen kaum mehr sichtbar).

Durch Gewichtsverschiebung verlagert sich der gedachte (potentielle) Druckpunkt tiefer, so dass der ausgeführte Push bei scheinbar äußerer Bewegungslosigkeit ebenfalls nach vorn, jedoch leicht von unten nach oben wirkt.

Damit will ich sagen, dass es sich bei dem sogenannten Push des gleichzeitigen Öffnens und Schließens (Gleichzeitigkeit von Yin und Yang) um denselben Ablauf handelt wie zuvor beschrieben. Der Unterschied besteht nur in dem direkteren (bezogen auf die Fallrichtung senkrechten) Weg mit nach oben leicht modifizierter Wirkung. Eine Gleichzeitigkeit des Öffnens und Schließens ist dabei jedoch ebenso eine äußere Täuschung wie die auftretende Prellwirkung bestenfalls durch die Kontraktion gegen den Boden verursacht wird und nicht durch irgendeine andersgeartete Kraft (Ch'i).

In komprimierter und sicher nicht leicht verstehbarer Form habe ich damit einen - auf großem Raum leichter beschreibbaren - physikalischen Zusammenhang angedeutet, der voll und ganz die phänomenale Wirkung eines über viele Meter reichenden Push-Effektes mit kaum sichtbarer auslösender Bewegung erklärt.

Wenn es einem Menschen gelingt, einen anderen von sich abprallen zu lassen, ohne dass dieser eine Vorwärts- oder Rückwärtsbewegung spürt, so ist dies das Ergebnis einer körperbewussten Verwendung der zuvor beschriebenen Bedingungen, in ungleich kürzerer Zeit und auf ungleich kürzerem Weg, als die Reflexe des Kontrahenten gegenzusteuern vermögen, den Druck- oder Brennpunkt mehrmals zu verlagern und damit umgekehrt wirksam werden zu lassen.

Wegen der abstrakten und kurzgeschlossenen, schwer zugänglichen Fassung, die ausschließlich auf den Umstand zurückgeht, dass für eine angemessene umfassende Erklärung der zugrundeliegenden komplexen Zusammenhänge der Raum fehlt, bin ich gerne bereit, wirklich Interessierten diese Theorie bei genauer Nachfrage näher zu erläutern und zu beweisen.

Das obige Beispiel und alle anderen aufgeführten Argumente können und sollen sich nicht gegen Ch'i als Denk- und Arbeitskonzept wenden, sondern nur Ansatzpunkte bieten, den mit Sicherheit wertvollen und brauchbaren Inhalten, die sich mit diesem Begriff verbinden, mit ungezwungener und befreiter Neugier näherzukommen. Es war schon immer die Folge von Dogmatisierung, den Weg zum Kern einer Sache schwieriger zu gestalten, als er eigentlich ist.

Serie A
D1: Druckpunkt.
D2: Druckpunkt räumlich nach hinten verlagert (bei Fortgeschrittenen geschieht es innerhalb des Muskelgelenkbereichs und ist von außen nicht sichtbar).
D3: Noch während der Reorientierung bzw. Restabilisierungsphase wird der Druckpunkt ein größeres Stück weiter nach vorn verlagert.

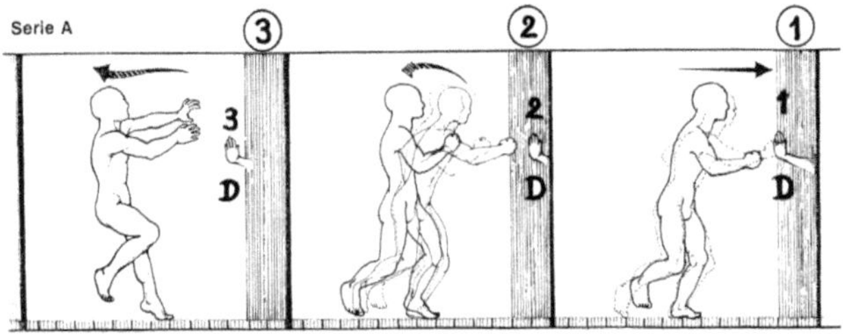

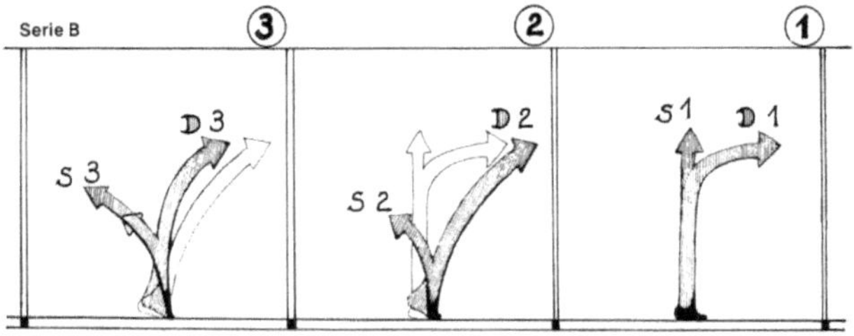

Serie B
Die Rückwärtspfeile geben die Restabilisierungsrichtung durch Gewichtsverlagerung an. Die Vorwärtspfeile geben die anvisierte Druckpunktrichtung an, in der sich der Körper am Ende unter Zuhilfenahme des Widerstandes stabilisiert.
D1: Anvisierte Druckpunktrichtung. S1: Pfeil zeigt die Richtung des Gewichtsausgleichs an.
D2: Weiter nach vorn verschobene Druckpunktrichtung. S2: Stabilisierungsrichtung: Richtung des Gewichtsausgleichs im Verhältnis zur Veränderung der Druckpunktrichtung.
D3: Nach hinten verschobene Druckpunktrichtung. S3: Stabilisierungsrichtung: Die noch nicht abgeschlossene Ausgleichsphase S2 muss durch die verstärkte Rückwärtsbewegung der Gewichtsverlagerung fortgesetzt werden.

Im dritten und letzten Teil dieser Abhandlung wird auf einer etwas entlasteteren Grundlage das Ch'i-Konzept auf seine philosophischen, geschichtlichen und praktischen Werte hin untersucht.

Denke

Forderung des Augenblicks:
denke, denke, denke ...,
meistere ich ohne Tricks
über die Gelenke.

Schiebende Hände

Es gibt kein Archiv
und keine Idee,
die Wurzel greift tief,
ihr Wachsen tut weh.

Wohl gibt es Gedanken
zum Thema und Schriften
und Schulen, die zanken
und Wasser vergiften.

Und viele wird 's geben,
die 's damit probieren
und zielführend streben,
die dennoch verlieren.

Doch solche, die 's treiben
und gegen die Zeiten,
die werden schon bleiben,
den Wuchs zu bereiten.

Sie essen und trinken
wie andere auch
und wenn sie versinken
in Tabak und Rauch,
so öffnen sich Blüten
an ihrem Geäst,
die Kraft zu vergüten
wie zu einem Fest.

Sie singen und lachen,
sie weinen wie du,
was immer sie machen,
der Himmel schaut zu.

Sollten sich Friedlose
mit ihnen anlegen,
geht 's in deren Hose,
denn Berge bewegen,
und nichts bewegt sie,
wenn sie nicht wollen,
man packt sie doch nie
und muss sich trollen.

Mit all meinen Worten
fänd' ich doch kein Ende,
denn nie zu verorten
sind Schiebende Hände.

Die philosophischen, geschichtlichen und praktischen Werte des Ch'i-Konzepts

Das Ch'i-Konzept - Teil 3

Ich beginne mit einem Zitat von Erich W. und Ilse Stiefvater aus "Chinesische Atemlehre und Gymnastik":

Sehr schön und anschaulich wird das Wesen von ch'i durch die chinesische Malerei und die zu ihr gehörige Schriftkunst dargestellt. Auch hier wird die gesamte Natur als durchdrungen und beseelt angesehen von einer lebendigen, gemeinsamen Lebenskraft, eben von ch'i. Als Sammelpunkte für diese Kraft gelten die Gebirge, durch deren Ausläufer sie sich in die Adern der Täler ergießt, Quellen und Wasserläufe durchtränkt und so die ganze Natur belebt. Der Mensch fügt sich diesem großen Organismus als bescheidenes Glied ein und baut seine Häuser, Gräber und Tempel nur an Orten, welche ihm die geomantische Lehre (feng-shui) als günstig und geeignet erweist. Die Naturvorstellung der Geomantie durchdringt in weit größerem Maße, als man bisher zu wissen glaubte, die chinesische Landschaftsmalerei. So lautet denn auch das erste der berühmten "Sechs Prinzipien" des Malers Hsieh Ho, die dieser um 500 n. Chr. formulierte: "Der Widerhall der Lebenskraft (ch'i) soll in lebendiger Bewegung sein." Damit dürfte gemeint sein, dass meditative Konzentration Herz, Auge und malende Hand mit dem abzubildenden Gegenstand in

Übereinstimmung bringen solle. Roger Goepper, der das schöne Buch: "Im Schatten des Wu-T'ung-Baumes" [1] *herausgab, drückt den Inhalt dieses ersten Prinzipes so aus: "Die alle Elemente und Bestandteile der belebten und unbelebten Natur - also auch den Maler selbst - durchdringende Lebenskraft (ch'i) muss vom Künstler in einer solchen Weise auf die Malfläche gebannt werden, dass sie dort weiterwirkt und vom Betrachter als Widerhall (yün) empfunden und aufgenommen wird."*

Dieser Satz vermittelt uns wirklich sehr lebensvoll die Naturanschauung der Chinesen, die de Groot, wie schon in der Einführung erwähnt, als Universismus bezeichnet hat. Sie wird gekennzeichnet als eine innige Verbindung aller Daseinsbereiche mittels einer den Makro- wie den Mikrokosmos durchziehenden gemeinsamen Kraft, die auch das Aufgehen des chinesischen Menschen in eine niemals "völlig desakralisierte Natur" (M. Eliade) ermöglicht.

So verstehen wir nun auch die folgende Formulierung des Malers Ching Hao [Ende des 9. bis Anfang des 10. Jh.]. Ching Hao sagt, Ausdruck oder Lebenskraft (ch'i) sei dann vorhanden, "wenn das Herz den Bewegungen des Pinsels folgt und die Wiedergabe der Gestalten nicht irreführend ist." Diese "Malerei des Herzens" kann nach den Worten des Malers Mi Yu-Jen [1086-1165] nur der ausüben und verstehen, der in die inne-

---

[1] Roger Goepper: "Im Schatten des Wu-T'ung-Baumes", Gedanken zur Malerei von Ch'in Tsu-Yung, München 1959, Hirmer-Verlag

ren Prinzipien der Dinge eingedrungen ist. Hierzu sei aber nötig, dass der Maler seinen Geist läutere, ihn vom Alltag befreie, dass er seine Schöpferkraft heranbilde und sich lange Zeit hindurch beobachtend in das versenke, was er malen will. Su Tung-p'o schreibt über seinen Freund, den Bambusmaler Wen T'ung [gest. 1079]: "Wenn Yü-K'o (Wen T'ung) Bambus malte, empfand er nur den Bambus und war sich seiner selbst als Mensch nicht mehr bewusst. Nicht nur, dass er sich seiner eigenen Gestalt unbewusst gewesen wäre, sondern sein Geist fühlte sich elend, er verließ seinen Körper und verwandelte sich in einen Bambus von unerschöpflicher Frische und Reinheit."

Diese meditative-autohypnotische Entselbstung weist sehr auf ähnliche Gedankengänge und Praktiken des Ch'an-Buddhismus (japanisch Zen) hin. Aber für jene, die wirklich die Mitte zu halten wussten, ging es nicht um die Entselbstung an sich, sondern um die harmonische Verbindung von geistiger und körperlicher Bewegung. Der Strich des Malers darf durch keine ichbezogenen Empfindungen gehemmt oder beschleunigt werden. Aus der Ruhe und Leere der Ich-Mitte entsteht die reine Aufnahmebereitschaft für das nachzubildende Ding. Das an sich reine Wesen eines Dinges (ch'i) kann nur mit dem gereinigten Wesen (ch'i) des Malers kommunizieren. Dies ist die Grundlage einer vollkommenen Handbewegung und damit die Voraussetzung für jenen vollkommenen Pinselstrich, der die Wahrheit wiedergibt.[2]

---

[2] Erich W. und Ilse Stiefvater: "Chinesische Atemlehre und Gymnastik", 2. Auflage erschienen 1980 im Haug Verlag, Heidelberg, S. 31 f.

Unzweifelhaft gibt es in China wie auch in anderen Kulturen in der Sprach- und Denkentwicklung bedeutende Begriffe zum Verständnis der Welt und ihrer hintergründigen Zusammenhänge. So ist es mit Begriffen wie TAO, LI oder auch CH'I. Sie lassen unzählige Deutungsmöglichkeiten zu oder werden selber in ihrer jeweils unauslotbaren Komplexität zu Mitteln der Deutung und Erklärung. Ob man nun versucht, Ch'i selbst kosmologisch oder wissenschaftlich zu erklären oder ob man mit Hilfe von Ch'i Phänomene und Erscheinungen zu deuten sucht, in allen Fällen wird oder bleibt Ch'i eine unbekannte Größe.

Neben den mit dem Gedanken der schöpferischen Kraft verbundenen Begriffen Ti und T'ien, gibt es noch die Vorstellung des Ch'i . Ch'i ist ein Wort, für das es viele verschiedene Übersetzungen gibt. Es bedeutet Äther, Atem, Dunst, Dampf oder "Masse-Energie". Die Schule des Ch'i verwarf den anthropomorphen Gottesbegriff und unternahm eine materialistische Erklärung des Universums mit den Kategorien einer ursprünglichen Eigenschaft des Seins. Es war das Ch'i , das kondensierte, sich zu den vielfältigen Erscheinungen des Universums verdichtete und so auch den Menschen bildete.

Diese pseudo-wissenschaftliche Linie des Denkens zieht sich mit einigen Weiterentwicklungen durch die gesamte Geschichte des chinesischen spekulativen Denkens. Im neunten und zehnten Jahrhundert erfuhr sie in jener intellektuellen Springflut, die wir Neo-Konfuzianismus nennen, eine kräftige Neubelebung. Chang

Tsai (1020-1077), der Neo-Konfuzianer der Sung Zeit, spricht für diese fortdauernde Schule des Denkens, wenn er die Harmonie des Universums des Ch'i so formuliert: "Durch die Kondensation und Verteilung des Äthers drängt das Universum auf hundert verschiedenen Wegen vorwärts; das Prinzip, nach dem es fortschreitet, ist geordnet und wirklich."

"Die Große Leere muss zwangsläufig aus Äther bestehen; dieser Äther muss zwangsläufig kondensieren, um alle Dinge zu bilden; und diese Dinge müssen zwangsläufig zerstreut werden, um wiederum die Große Leere herzustellen. Die Fortdauer dieser Bewegungen in einem Zyklus ist damit unvermeidlich."[3]

Noch eindeutiger aber können wir dieses Problem in der Verbindung zwischen Ch'i und Kampfkunst feststellen. Mit großer Selbstverständlichkeit wird der Begriff Ch'i in dem folgenden Beispiel aus dem Buch "T'ai Chi Ch'uan" von Toyo und Petra Kobayashi mit physikalisch und physiologisch leicht erklärbaren Bewegungen verquickt:

Richtiges Boxen (chin. Ch'uan) hat seinen Ursprung in den Füßen, geht durch die Beine, wird von den Hüften gelenkt und wirkt über Rücken und Arme durch die Finger. Am ehesten lässt sich dies verstehen, wenn wir uns über die besondere Art der Kraft klar werden, die

---

[3] Chuang Chung-Yuan: "Tao, Zen und schöpferische Kraft", Eugen Diederichs Verlag, Düsseldorf/Köln 1975, S. 56 f.

wir in T'ai Chi Ch'uan entwickeln: Es ist die sogenannte "zähe" Kraft (engl. tenacious energy), die eine innere Kraft ist und wie es heißt, von den Sehnen kommt. Der Körper soll in T'ai Chi Ch'uan zu einem Bogen werden. Das Energiesammeln, das jedem Angriff vorausgeht, wird mit dem Spannen des Bogens und das Energieaussenden mit dem Loslassen der Sehne verglichen. Die "zähe" Kraft hat ihren Ursprung an der Stelle der "sprudelnden Quelle" in der Mitte der Fußsohlen. Sie ist ein Ausdruck der Lebenskraft Ch'i, die das Fundament der Selbstverteidigung beim T'ai Chi Ch'uan ist. Ch'i ist reiner Muskelkraft überlegen. Alle Prinzipien und Grundregeln des T'ai Chi Ch'uan sind dahin ausgerichtet, uns diese Kraft zugänglich zu machen. Die Haltung muss korrigiert werden, der Körper soll in der Bewegung aufrecht sein. Damit das Ch'i sinken kann und die Energiezentren entwickelt werden, ist die tiefe Atmung notwendig. Da das Ch'i nicht auf rein physischen Prinzipien beruht, müssen alle T'ai Chi Ch'uan-Übungen mit voller Aufmerksamkeit von Körper und Geist ausgeführt werden.

Ch'i ist in vielen Techniken auf unterschiedliche Weise anwendbar.

Es gibt die einfache "hörende" und "haftende" Energie (engl. listening and adhering energy), die uns befähigt, allein durch die Berührung mit einem Gegner seine Absicht zu erkennen, bevor er sie ausführen kann. Es gibt die "verstehende" Energie (engl. comprehending energy), die es uns ermöglicht, dem Angriff eines Geg-

ners ohne Überlegen auf die richtige Weise zu begegnen. Wir haben die "schließende", "öffnende", "leihende", "hebende", "zurückziehende", "drehende" Energie usw. Es gibt verschiedene Wege, die Energie auszusenden (engl. discharging energy). Die Kraft eines Gegners kann neutralisiert oder gegen ihn gewendet werden. Es gibt mindestens 24 Arten von Ch'i, deren Anwendung mit Techniken verbunden sind, die wir in der Einzelübung, im "Pushing Hands" und im "Ta Lu" üben.[4]

In diesem Beispiel taucht Ch'i als Ausgangspunkt aller möglichen Energien auf, die für die Anwendung im Kampf ursächlich benutzt werden sollen. Ohne jede Erklärung werden die verschiedenen Energieeinsätze schlicht als Ch'i-Kräfte bezeichnet. Die Formel lautet einfach: Energie = Ch'i.

Wenn sich der geneigte Leser einmal bemüht, nur die verschiedenen Energieeinsätze und ihre Bedingungen aus dem zitierten Text herauszulesen, dann wird er bemerken, dass das Fehlen des Ch'i dem Verstehen der wesentlichen Aussagen keinen Abbruch tut.

Über das Ch'i selbst erfahren wir bestenfalls, dass es "sinken" kann und dass es "nicht auf rein physischen Prinzipien" basiert. Letztendlich kann man das Ch'i nur dann verstehen und entwickeln, wenn man in

---

[4] Toyo und Petra Kobayashi: "T'ai Chi Ch'uan", Irisiana Verlag, Haldenwang 1979, S. 20 f.

diesem Falle die entsprechenden Tai Chi Chuan-Übungen "mit voller Aufmerksamkeit von Körper und Geist" ausführt.

Ich gehe davon aus, dass **jeder** Kampfkunstaktive bemüht ist, seine Übungen mit voller körperlicher und geistiger Aufmerksamkeit auszuführen. Dazu ist aber eine ungeklärte Ch'i-Entwicklung weder als Ziel noch als Voraussetzung notwendig. In der Kampfkunst geht es in der Regel in erster Linie um das Erlangen für den Kampf nützlicher Fertigkeiten. Diese sind mit dem Maß der Körperkontrolle und des Bewegungsverständnisses qualitativ steigerbar. Über die didaktischen Wege und die effektivsten Anwendungen mag man verschiedener Auffassung sein. Auf ihren wirklichen Wert überprüfbar ist eine Kampfkunst ohnehin nur im Kampf. Sollte eine Kampfkunst mehr und andere Aspekte als die Kampfeffizienz verfolgen, so mag sie als Kunst oder als Körper- und Geistesdisziplin bedeutende Antworten auf verschiedenste Fragen geben, sie ist dann jedoch schwerlich als **Kampf**kunst zu bezeichnen. Nicht nur in der Kampfkunst allerdings - so meine ich - sind bei überprüfbaren Leistungen und Resultaten auch überprüfbare Bedingungen bzw. Techniken aufzufinden.

Der Wert von Ch'i ist in seiner kulturhistorischen Komplexität gleich dem des Tao oder anderer chinesischer Denkachsen letztendlich immer nur im Zusammenhang mit anderen chinesischen Denkkonzepten interpretierbar (siehe Abbildung).

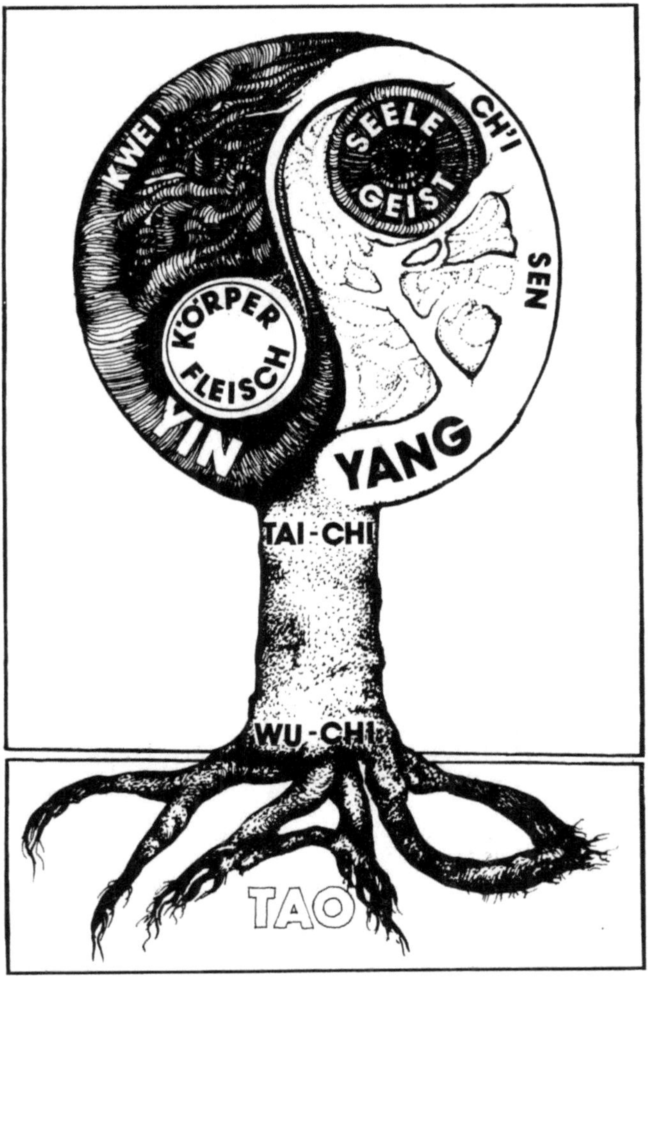
KWEI
SEELE
GEIST
CH'I
SEN
KÖRPER
FLEISCH
YIN
YANG
TAI-CHI
WU-CHI
TAO

In den Kampfkünsten zielt man auf ganz bestimmte Effekte und Fertigkeiten ab. Es liegt nahe, dass hier der Begriff des Ch'i besonders betont wird. Im Zusammenhang mit Tao, Wu-Chi, Tai-Chi, Yin und Yang entspricht er am meisten der beliebigen Wirkungen unmittelbar zugrunde liegenden Substanz oder Energie. Jedoch wird in den chinesischen Kampfkünsten bei der technischen Verwendung von Ch'i nicht auf die Verbindung zumindest zu Yin und Yang, häufig auch zu Tao verzichtet. Diese Verbindung ordnet die "eigentliche Energie" grundlegend und macht sie für menschliche Zwecke fassbar und modifizierbar.

Wirkungen dieser "**eigentlichen** Energie" oder des Ch'i sind aber von dem "**eigentlichen**" Sinn der jeweiligen Kampfkunst nicht zu trennen. Ein effektiver Wurf, Push, Schlag oder Stoß, dessen Aufwand sich - entgegengesetzt aller Voraussetzungen - auf einen kaum merklichen Verbrauch von Energie beschränkt, wäre als Ch'i-Kraft zu werten. Die beteiligten Energien verbleiben in ihrem ursprünglichen bzw. **eigentlichen** Zustand und werden mit der Wirkung nicht verändert oder verbraucht.

Auch wenn man Effekte steigern und dabei den Aufwand womöglich noch verringern kann, so wäre dies nicht eine **Vermehrung** von Ch'i. Ch'i ist nach diesem Verständnis deshalb nicht vermehrbar, weil es sich grundsätzlich um das Optimum energetischer Prozesse handelt. Ch'i bedeutet eine gezielte Wirkung ohne Veränderung (Verlust, Verbrauch) der beteiligten Energien.

Häufig wird Energie mit Wirkung verwechselt. Zunächst einmal ist Energie die Fähigkeit, Arbeit zu leisten. Wir kennen ihre Nutzung jedoch nur, indem wir sie verändern bzw. ihren momentanen oder **eigentlichen** Zustand zerstören: Holz wird verbrannt, um Wärme zu erzeugen. Um Feuer und Wärme entfaltet sich aber dann ein Prozess, der in der Durchführung darauf hinausläuft, dieser spezifischen Nutzung ständig zusätzliche Energie zuzuführen.

Mit einem solchen Konzept haben wir es zu tun, wenn wir von Energie und ihrer Nutzung sprechen.

Diesem Denken ist das Ch'i sinngemäß entgegengesetzt. Viel zu leicht wird vergessen, dass das Verständnis der "eigentlichen Energie" nur ein Teil jenes Wissens ist, das ebenso von dem ordnenden Yin und Yang und dem alles durchziehenden Sinn des Tao bestimmt wird wie von den praktischen Anwendungen und Schlussfolgerungen für das tägliche Leben.

Gehen wir einmal von der direktesten Bedeutung des Zeichens Ch'i aus, so haben wir ursprünglich "dampfendes Getreide" (氣) oder in einer noch älteren Form "Feuer und Rauch" (炁).

Für sich genommen ist es selbstverständlich möglich, dieses auch als eine Art Energiebegriff oder sogar als ein Symbol von ursächlicher Energie bzw. Substanz auszulegen. Das ist dann besonders einfach, wenn dieses Zeichen losgelöst von allen anderen das Leben, die Realität oder das menschliche Dasein beschreibenden Definitionen, die sich in der Zeichen-, Sprach- und Denkentwicklung zusammenhängend herausgebildet haben, betrachtet wird.

Hier korrespondiert eine zu metaphysischer Spekulation, Totalisierung und vereinfachender Interpretation neigende Auffassung im chinesischen Kulturkreis durchaus mit entsprechendem abendländischen Denken. Wenn aber, in ein derartiges Verständnis gebracht, Ch'i gleichbedeutend wird mit "pneuma", "prajna", "Äther", "Aura", "Odem" etc., dann stellt sich nur die einfache Frage, warum wir diesen chinesischen Begriff überhaupt bemühen. Der Grund kann nur in der Selbstbestätigung metaphysischer und unzusammenhängender Denkweisen bestehen.

*

In dieser Abhandlung geht es nicht darum zu behaupten, dass es nicht auch in China eine große Zahl dergestaltiger Weltanschauungen und Vorstellungen gibt. Vielmehr geht es darum, den **terminus technicus** Ch'i in den ursprünglichen taoistischen Schulen zu entdecken, die fast alle chinesischen Philosophien mehr oder weniger stark beeinflusst haben.

Kann nicht auch mit jenem Ch'i, das in den klassischen Texten "in den Tan Tien sinkt", "sich in den Knochen sammelt" oder "in den Füßen ruht", die natürliche potentielle Energie dieser Körperteile bzw.

Organe gemeint sein, deren richtige Verwendung und größtmögliche Wirkung darin besteht, dass sie dauerhaft, also in einem ungebrochenen Fluss, in Erscheinung tritt?! Dauerhaft würde bedeuten, diejenige Position in Bewegungsabläufen zu benutzen, die an dem Bestand der potentiellen Energie nichts oder kaum etwas verändert.

1. Ch'i "in den Tan Tien sinken lassen" hieße dann z.B.: Der Bewegungsablauf beginnt in der gedachten Körpermitte, (wo beide Körperhälften etwa gleichgewichtig aufeinander stoßen; das ist der Punkt unter dem Nabel, der sogenannte TAN TIEN-Punkt) und setzt sich über alle anderen Körperteile bzw. Gliedmaßen fort, ohne dass das Verhältnis der Mitte sich in ihrer ursprünglichen Position zu diesen verändert.

2. "Die ('eigentliche, innere') Energie ruht in den Füßen, entwickelt sich in den Beinen, wird von der Hüfte gelenkt und wirkt durch die Finger. In allen Bewegungen müssen Füße, Beine und Hüfte als Einheit wirken." In diesem Fall geht die Bewegung von den Füßen aus und bleibt als **verursachende** Energie (Fuß in Bewegung) in den Füßen.

3. "Lenke das Ch'i mit dem Willen, damit es sinkt und sich in den Knochen sammelt." Dieses wäre der ununterbrochene Einsatz bzw. die Verwendung des passiven Knochengewichtes.

Begriffe wie "Sammeln", "Entwickeln" bzw. "Lenken" oder "Fließen" verführen leicht zu der Auffassung, hier wäre die ursächliche oder "eigentliche" Energie gemeint. Tatsächlich beziehen sich diese Begriffe jedoch nur auf die Wirkung.

Es handelt sich beim Ch'i also nicht um ein metaphysisches oder physikalisches Substrat, sondern um Techniken, die sich mit dem ungebrochenen Einsatz vorhandener Energie beschäftigen, die dann allerdings - je nach Schule - mit jeder beliebigen Energie bzw. in jedem Körperteil ihren Anfang nehmen kann. Entscheidend ist die technische Bewerkstelligung bzw. das Studium von Körperpositionen, die das Potential der Energie ("eigentliche", ursächliche Energie), in deren Folge alle anderen körperlichen Abläufe stattfinden, ungebrochen und deshalb wirksam erhalten.

Könnte man der Logik dieses Umgangs mit Energie bzw. körperlichen Zuständen oder Kräften einmal folgen, so würde man entdecken, dass es sich dabei um ein altes taoistisches Denken handelt: "Das TAO tut nichts, und doch bleibt nichts ungetan." In dieser einfachen Aussage spiegelt sich die bekannte Idee vom WU-WEI, was bedeutet: Tun durch Nicht-Tun oder durch Nicht-Handeln.

In der philosophischen Spekulation ist das Tao die Ursache von Wu-Chi, Wu-Chi die Ursache von Tai-Chi, Tai-Chi die Ursache von Yin und Yang und Yin und Yang die Ursache der 1000 Dinge. Daraus kann man schon ersehen, dass mit dem Begriff Tao sowohl der Anfangs- als auch der Endpunkt von vielerlei

Wirkungen verbunden wird. Tao wären - aus der Spekulation herausgenommen und auf ein menschliches Beispiel gebracht - die Füße, mit denen ich beginne und auf die alles wieder zurückkehrt, und die, bei richtiger Verwendung, ununterbrochen wirken und sich nicht in einer Kette von Ursache und Wirkung verschleißen.

Wu-Wei wäre dann nicht etwa Passivität, sondern das aufmerksame und dauerhafte Verfolgen und Anwenden der bereits verursachten Kräfte bzw. Bewegungen. Damit nicht das Missverständnis entsteht, es handele sich bei dem Wu-Wei oder den taoistischen Philosophiekonzepten um bloße Anpassung, sei noch einmal betont: Es wird sehr wohl ein Tun (ein bestimmter Zweck, ein Ziel) angestrebt, ohne jedoch durch Unterbrechung der situativen Energieverhältnisse dem Verfolgen eines Zieles durch Veränderung bzw. Zerstörung neue Relativierungen und Unsicherheiten hinzuzufügen. Einen direkteren Weg, nämlich unter Vermeidung von Veränderung, möglicherweise Vergessen oder sogar Zerstörung zur Erreichung eines bestimmten Zieles zu kommen (im Kampf ist das der Sieg), gibt es nach taoistischem Denken nicht.

Ein berühmtes Gespräch zweier Zen-Meister deutet uns nicht nur an, wie wichtig dieses Thema für alle Experten von Körper- und Geisteskontrolle im chinesischen Kulturkreis war, sondern gibt uns auch Auskunft darüber, welche didaktischen Wege teilweise beschritten worden sind, um das Tao besser zu verstehen und verständlich zu machen:

Chao-chou fragte: "Was ist das Tao?"

Der Meister (Nan-ch'üan) erwiderte: "Dein gewöhnliches Bewusstsein ist das Tao."

"Wie kann man sich in Einklang damit bringen?"

"Wenn du den Einklang beabsichtigst, weichst du schon davon ab."[5]

Sehr schön wird die Verbindung und die einfache Natur von Tao und Ch'i in einer alten Geschichte des Chuang-Tse erkennbar:

Ein Holzschnitzer schnitzte einen Glockenständer. Als der Glockenständer fertig war, da bestaunten ihn alle Leute, die ihn sahen, als ein göttliches Werk.

Der Fürst von Lu besah ihn ebenfalls und fragte den Meister: "Was habt Ihr für ein Geheimnis?"

Jener erwiderte: "Ich bin ein Handwerker und kenne keine Geheimnisse, und doch, auf Eines kommt es dabei an. Als ich im Begriffe war, den Glockenständer zu machen, da hütete ich mich, meine Lebenskraft (ch'i) zu verzehren. Ich fastete, um mein Herz zur Ruhe zu bringen. Als ich drei Tage gefastet, da wagte ich nicht mehr, an Lohn und Ehren zu denken; nach fünf Ta-

---

[5] Alan Watts: "Der Lauf des Wassers", O. W. Barth Verlag, S. 70

gen wagte ich nicht mehr, an Lob und Tadel, Geschicklichkeit und Ungeschicklichkeit zu denken; nach sieben Tagen, da hatte ich meinen Leib und alle Glieder vergessen. Zu jener Zeit dachte ich auch nicht mehr an den Hof Eurer Hoheit. Dadurch ward ich gesammelt in meiner Kunst und alle Betörungen der Außenwelt waren verschwunden. Danach ging ich in den Wald und sah mir die Bäume auf ihren natürlichen Wuchs an. Als mir der rechte Baum vor Augen kam, da stand der Glockenständer fertig vor mir, so dass ich nur noch Hand anzulegen brauchte. Hätte ich den Baum nicht gefunden, so hätte ich's aufgegeben. Weil ich so meine Natur (ch'i) mit der Natur des Materials zusammenwirken ließ, deshalb halten die Leute es für ein göttliches Werk!"[6]

Unbestritten ist, dass metaphysisches und spekulatives Denken einen breiten Raum in der Entwicklung unserer und anderer Kulturen einnimmt. Unbestritten ist auch, dass das Suchen nach den "Ursachen der Ursachen" und das Spekulieren mit unbekannten Faktoren einen wesentlichen Teil des modernen Denkens und Forschens bestimmt. Wenn es jedoch darum geht, Annahmen über kosmologische Hintergründe verschiedenster spekulativer Schulen und Denkweisen konkret zu beweisen, dann bleiben diese den praktischen Nachweis irgendwelcher, das Welt-

[6] "Chuang-Tse": Buch XIX, 10, zitiert nach Erich W. und Ilse Stiefvater, "Chinesische Atemlehre und Gymnastik", 2. Auflage erschienen 1980 im Haug Verlag, Heidelberg, S. 33 f.

geschehen oder die Energien allgemein bestimmender Ursachen schuldig. Sie berufen sich nicht zuletzt auf jene Komplexität der Dinge, die ihnen das undurchsichtige Muster spekulativer Totalisierungen vorzeichnet.

Ich neige in meiner Auffassung - im Einvernehmen mit ursprünglichem taoistischen Denken - dem Ausspruch des oben zitierten Holzschnitzers zu, der da sagt: "Ich bin ein Handwerker, ich kenne keine Geheimnisse." Der Nachweis einer handwerklichen Fertigkeit jedoch ist eine alltägliche Angelegenheit.

Der Traumgast

Langes Wochenend', relaxen
fern vom Treiben dieser Welt,
keine Wunderjobs, kein hexen,
falls der Regenbogen hält.

Der Schritt

Wagst du den Schritt
ins Abseits des Denkens
bis an den Schnitt
des fühlbaren Lenkens;
dorthin, wo dir
nichts folgen kann
außer dem Tier
"Schmerz" irgendwann,
das, noch bevor
es dich erreicht,
von Fuß bis Ohr
den Platz erschleicht,
der ihm erlaubt,
sich zu entfalten
und, was es raubt,
auch zu behalten.

Es sei, dein Schritt
wäre der zweite,
der sich vom Tritt
bereits befreite
und ohne Weh,
Zögern und Not,
sanft wie der Schnee,
kalt, doch nicht tot,
fester als Stein
vakuumleicht,
nicht mehr allein
alles erreicht.

YIN & YANG

Erstveröffentlicht in MARTIAL ARTS
Magazin für Kampfkunst und Philosophie
Nr. 4 (April/Mai 1984)
Nr. 5 (Februar/März 1985)
Nr. 6 (Juli 1985)

YIN & YANG
Ein Gegensatzpaar für Ordnung und Ausgleich
Teil 1

YIN & YANG
in der Literatur- und Philosophiegeschichte Chinas
Teil 2

YIN & YANG
Analyse und Schlussfolgerung

Bedeutung des Yin & Yang für die gesellschaftlichen Aneignungs- und Verwaltungsprozesse nicht nur in der Frühgeschichte Chinas
Teil 3

YIN & YANG

Ein Gegensatzpaar für Ordnung und Ausgleich

Yin & Yang - Teil 1

Der vollkommene Mensch oder der Weise, der so oft in taoistischen und konfuzianischen Schriften erwähnt wird, war in sich selbst in vollkommener Yin-Yang-Harmonie. "In der Ruhe teilt er die Passivität des Yin und in der Aktion die Energie des Yang" (Chuang-tzu XV.). Er verfügt über das Gleichgewicht von Kopf und Herz, Geist und Gefühl, Intelligenz und Instinkt. Er ist weder negativ noch positiv, sondern die glückselige Mitte, die zentrale Achse, der Pol.[1]

Als die Quintessenz chinesischer Philosophie und Weisheit wird hier im Westen nicht selten das Gegensatzpaar von Yin und Yang in seiner unauflöslichen Einheit angesehen. Dass es sich dabei in allerester Linie ursprünglich um einen Ordnungsbegriff handelt, dessen tieferer Sinn zunächst einmal darin bestand, der Widrigkeiten und Probleme menschlicher Existenz im Raume des Bewusstseins, des Denkens und der Sprache habhaft zu werden, ist naheliegend. Wie es sich für einen Ordnungsbegriff geziemt, bietet er die Möglichkeit, den ansonsten

---

[1] J. C. Cooper: "Der Weg des Tao", O. W. Barth Verlag, 1977, S. 40

undurchsichtig-bedrohlichen Schwierigkeiten - also im Endeffekt oft unerklärlichen Natur- und gesellschaftlichen Kräften -, mit denen sich der menschliche Geist auseinanderzusetzen hat, ein Ordnungsgefüge entgegenzustellen, das zumindest im menschlichen Denken einen Zugriff auf das vermeintliche Chaos verspricht. Der Logik des Gegensatzes oder der Polarität entsprechend ist selbstverständlich die Auflösung oder der Ausgleich derselben ihre höchste Funktion. Auch erhält das Gegensatzpaar Yin und Yang erst seinen eigentlichen Zweck durch die darin enthaltene Notwendigkeit des Ausgleichs bzw. der Angleichung.

Yin und Yang stimmen zusammen (tiao) und harmonisieren (ho). (Chuang-tzu)[2]

Der Weg schuf die Einheit.
Einheit schuf Zweiheit.
Zweiheit schuf Dreiheit.
Dreiheit schuf die zehntausend Wesen.
Die zehntausend Wesen tragen
das dunkle Yin auf dem Rücken,
das lichte Yang in den Armen.
Der Atem des Leeren macht ihren Einklang.[3]

---

[2] zitiert nach Marcel Granet: "Das chinesische Denken", dtv, 1963, S. 92

[3] Lao-tse: "Tao-Tê-King", Reclam, 1961, Kapitel 42

Ein heiliger Herrscher bewirkt, dass sich die Vier Jahreszeiten zur rechten Zeit (chieh) einstellen; er bewirkt den Zusammenklang (tiao) von Yin und Yang, von Regen und Tau. (Mo-tzu)[4]

(Der Gegensatz von Regen und Tau wäre, dass die Feuchtigkeit im Regen vom bewölkten Himmel stammt, die Feuchtigkeit des Morgentaus bei klarem Himmel und Sonnenschein in Erscheinung tritt.)

Den Philosophen unseres Kulturkreises ist eine solche Herangehensweise nicht nur geläufig, sondern ein stetes Anliegen, welches von der Antike bis in die Jetztzeit hinein in der Auseinandersetzung mit Polarität, Dualität und ihren dialektischen Lösungsmöglichkeiten seinen Ausdruck findet. Dabei ist der Ordnungssinn immanenter Bestandteil und Grundvoraussetzung dieser Erkenntnismethode, das heißt auch hier zuallererst einmal der grundlegende Versuch, unbegreiflichen Kräften und Zusammenhängen eine Ordnung entgegenzustellen, um diese damit zu bewältigen. Auch hier, getreu der Logik, wird - wie im Yin- und Yang-Gefüge - die Überwindung bzw. der Ausgleich der Gegensätze angestrebt, etwa auf dem Wege der Synthese oder der Gleichung.

In aller Regel wird die Entwicklung des Yin und Yang als Denkkonzept auf die chinesischen Natur-

---

[4] zitiert nach Marcel Granet: "Das chinesische Denken", dtv, 1963, S. 93

philosophen zurückgeführt. Definitiv und schriftlich niedergelegt taucht es in den drei klassischen Schriften Shu-Ching, Shih-Ching und I-Ching auf, welche später - zumindest im überlieferten I-Ching - durch eine Bearbeitung des Konfuzius die uns heute bekannte Fasson erhielten. Gebräuchlich aber war die allgemeine Verwendung dieses Begriffspaares schon sehr viel früher. Um der Quellenproblematik gerecht zu werden, soll hier nicht unerwähnt bleiben, dass es keine Sicherheit darüber gibt, ob die schriftliche Niederlegung von Yin und Yang nicht sogar in der Zeit der Han-Dynastien (206 v. Chr. - 220 n. Chr.) - also nach Konfuzius - in die klassischen Schriften eingefügt worden ist. Die unmittelbare Worterklärung nach A. Forke[5] bezeichnet in der ursprünglichsten Form das Yang als Sonnenstrahlen oder Sonnenlicht und das Yin als sich fortwälzende Wolken, welche die Sonne bedecken. In einer anderen wesentlich bekannteren Worterklärung steht Yang für den Südhang des Berges (sonnenbeschienen) oder das Nordufer des Flusses, wohingegen Yin für die beschatteten Hänge der Nordseite des Berges oder das südliche Flussufer steht.

[5] aus Alfred Forke: "Geschichte der alten chinesischen Philosophie", Cram, de Gruyter & Co., 1964, S. 48

M. Granet beschreibt die Entwicklung der Begriffe und der Bedeutung von Yin und Yang in seinem Buch "Das chinesische Denken" so:

Nur wenn man sich die alten Formen des Gegensatzes der Geschlechter vergegenwärtigt, vermag man den Gehalt, die Rolle, die Entwicklung, ja selbst die Bezeichnungen der Begriffe Yin und Yang zu verstehen. Im alten China standen sich Männer und Frauen wie zwei miteinander wettstreitende Verbände gegenüber. Eine aus technischen und sexuellen Verboten gefügte Barriere trennte sie. Ackerbauer und Weberinnen stellten Gruppen dar, welche ihrer verschiedenen Lebensweise, verschiedener Interessen und Ziele und unterschiedlichen Besitzes wegen miteinander wetteiferten, gleichzeitig aber zusammengehörten. Diese komplementären Gruppen teilten sich in die Arbeit und in die verschiedenen Verrichtungen, wie auch in die Zeitabschnitte und Örtlichkeiten, an welchen diese zu verrichten waren. Jede Gruppe hatte ihre eigene Lebensform, wobei sich das Gesellschaftsleben aus dem Zusammenwirken dieser beiden Formen ergab.

Die Weberinnen, die ihr Dorf niemals verließen, benutzten den Winter dazu, die Hanfstoffe für die neue Jahreszeit herzustellen. Für die Männer war der Winter eine stille Jahreszeit. Sie ruhten sich aus, ehe sie von Neuem auf den Feldern arbeiteten. In gleicher Weise lösten sich Yin und Yang am Werke ab. Das erste entfaltete seine Tätigkeit im Winter, das zweite während der heißen Jahreszeit. - Doch begegneten sich Männer und Frauen, die durch ihren Fleiß im Wechsel bereichert wurden, zu Beginn und am Ende der Winterruhe. Diese Treffen waren der Anlass der Messen (hui) und Versammlungen (chi), bei welchen bald der eine, bald der andere Verband - im Frühjahr die Weberinnen, im Herbst die Ackerbauern - in den Vordergrund trat. Nach Meinung der Gelehrten gaben sich Yin und Yang auch an den Tagen der Tagundnachtgleiche ein Stelldichein (chi) und sie kamen zusammen (hui), bevor die Herrschaft des einen oder des anderen begann oder endete. - Bekanntlich besteht das Emblem des Yin und des Yang in der Tür; sie ist ebenfalls das Emblem der sexuellen Feste. Im Frühjahr öffnete man in den Weilern die Türen, und die Ackerbauer zogen aus, um den Sommer bei der Feldarbeit zu verbringen. Das Yang entspricht dem Bild einer sich öffnenden Tür, was wiederum zum Gedanken der Zeugung, der Erzeugung und der sich entfaltenden Kraft führt. Im Winter hielt man in den Dörfern die Türen geschlossen, ist doch der Winter die Jahreszeit des Yin, das durch eine geschlossene Tür symbolisiert wird. - Die Gelehrten behaupten, dass während der eisigen Jahreszeit das Yang allseits vom Yin umgeben in einem unterirdischen Gemach woh-

nen muss. Es bestehen Gründe für die Annahme, dass das Gemeinschaftshaus, in dem die Männer während der stillen Jahreszeit zusammenkamen, eine Art in der Mitte des Weilers angelegte, an allen Seiten von den Wohnstätten umschlossene Höhle oder ein Keller war. Die Wohnstätten, welche die Grundlage des dörflichen Lebens bildeten, gehörten den Frauen. - Nachdem die Männer ihre Kräfte erneuert hatten, wurden sie wieder zu Ackerbauern und gingen im Sonnenlicht im freien Land an die Arbeit. Im Gegensatz hierzu wirkten die Weberinnen nur an dunklen Orten; sobald sie damit begannen, die Festkleider zu weben, mussten sie das Sonnenlicht meiden. Beide Geschlechter waren einer antithetischen Disziplin unterworfen. Ihre entsprechenden Wirkungsbereiche waren das Innere (nei) und das Äußere (wai) - die zugleich die Wirkbereiche des Yin und des Yang, des Schattens und des Lichtes sind. Deshalb fand der Gegensatz der Geschlechter seinen mythischen Ausdruck im Gegensatz des Yin und des Yang.

Diese symmetrischen Gegensatzpaare traten sämtlich bei dem Schauspiel in Erscheinung, welches im Frühjahr und im Herbst die sexuellen Feste boten. Diese Feste wurden in kleinen Tälern begangen, wo ein Flusslauf eine heilige Grenze schuf. Die Vertreter der beiden konkurrierenden Verbände durchschritten den Fluss, kamen so allmählich in Berührung und leiteten die gemeinsame Hierogamie ein, die den Beschluss des Freudenfestes bildete. Zuvor formierten sie sich jedoch zu einander gegenübertretenden Chören, die sich zu beiden Seiten einer rituellen Achse aufstellten und sich gegenseitig mit Gedichten herausforderten. Wenn man dann im weiblichen Lager dadurch gerührt wurde, dass einem der Gegner wahrhaft männlich dünkte (yang-yang), dann bedeutete dies doch, dass das Yang (besonnter Hang) der Gruppe vorbehalten war, welche im vollen Sonnenlicht Feldarbeiten verrichtete. Zu den Männern gehörte die Yang-Seite und zu den Frauen die Yin-Seite. Der Festplatz zeigte einen beschatteten Hang, der an einen besonnten Hang grenzte und auf welchem nach ihrem Geschlecht unterschiedene Gruppen sich gegenübertraten, um sich zu vereinen - somit das gesamte Yin und das gesamte Yang.

"Das Yang ruft, das Yin antwortet"; "Die Jünglinge rufen, die Mädchen antworten." In diesen antithetischen Formeln offenbart sich die gegensätzliche Disziplin, welche die Beziehungen der beiden gegenläufigen Symbole regelt, wie dies auch beim Zusammenwirken der beiden konkurrierenden Verbände der Fall ist. Die verwendeten Ausdrücke sind bedeutsam, lassen sie sich doch nur als Anspielungen auf die Riten und Spiele der sexuellen Feste verstehen. Vom Yang wird ausgesagt, dass es "ruft und den Gesang eröffnet" (ch'ang), was tatsächlich während des mit Gesängen begangenen Festes für die Jünglinge zutrifft. Vom Yin heißt es, dass es mit einer harmonischen (ho) Entgegnung antwortet; und tatsächlich entsprach dies der Rolle der Mädchen. Mädchen und Jünglinge leiteten ihre Vereinigung (ho) mit einem Turnier (ching) ein. Auch das Yin und das Yang vollführen einen Wettkampf (ching), ehe sie sich vereinen (ho), und sie führen ihn jedes Frühjahr und jeden Herbst als Vertreter zweier wettstreitender Verbände aus. Das Wort ho , das diese

symmetrischen Verbindungen bezeichnet, ist auch für die gesungenen Entgegnungen gebräuchlich, in welchen sich die vollkommene Übereinstimmung der Wettkämpfer offenbart. Es ist überdies ein Ausdruck für die Harmonie (ho), die sich infolge der zusammenstimmenden Wirkung (tiao oder tiao-ho) von Yin und Yang einstellt. Nun wird deutlich, weshalb man das rhythmische Zusammenspiel der Symbole Yin und Yang gern durch musikalische Metaphern andeutet. Ursprung wie Namen dieser Embleme gehen auf das Schauspiel zurück, das die Zusammenkünfte boten, während der zwei einander gegenüber aufgereihte singende Chöre, entweder zum besonnten oder zum beschatteten Hang gewendet, Wechselgesänge austauschten. Mit ihren traditionellen Improvisationen wetteiferten die Chöre an Erfindungsgabe und an sprichwörtlichem Wissen. So entstand die Mehrzahl der poetischen Sprüche des Kalenders. Diese überlieferten sprichwörtlichen Redensarten beschwören jene Bilder, die am Übergang der Jahreszeiten die rituelle Landschaft zeigte, in der die Festlichkeiten vonstattengingen. Daher rührt auch ihr Emblem- und Zeichenwert. Durch solchen Ursprung hat auch die Beziehung, die von allem Anfang an zwischen ihnen und den Symbolen Yin und Yang bestand, eine Erklärung. Auf Grund dieser ursprünglichen Verbindung konnte dieses Symbolpaar dann auch für die von den Gelehrten ausgearbeitete Kalenderordnung maßgebend werden. Eine theoretische Vorstellung der Zeit war entstanden, sobald die Masse der überlieferten Sprüche, die jeweils wie zahlreiche Gegensatzpaare paarweise zusammengehörten, auf die unter der einen oder der anderen dieser Rubriken eingeordneten Jahreszeiten verteilt waren. In diesem Bestand gegensätzlicher Embleme, die sich abwechselnd vor dem Hintergrund der Herbst- und der Frühlingstreffen darboten, zeigte sich der wesentliche, augenfälligste, ergreifendste, der einzige Gegensatz, der schlagartig den Sinn der ganzen dramatischen Handlung bewusst werden ließ, im Gegensatz von gegnerischen Chören, die sich wie Licht und Schatten gegenüberstanden. Deshalb waren Yin und Yang geeignet, als die Embleme zu gelten, in welchen alle übrigen enthalten waren, durch die auf alle übrigen hingewiesen, ja durch die alle übrigen hervorgerufen wurden. Mithin stellten sie ein Paar wirkkräftiger Rubriken dar, das zur Einstufung aller sich im Wechsel ablösenden Aspekte genügte und - sie waren auch ein Paar wirksamer Symbole, die für den kosmischen Wechsel verantwortlich waren.

Die Vorstellung von Yin und Yang hat sich anlässlich dramatischer Schauspiele entfaltet, bei denen zwei zusammengehörige und rivalisierende Verbände, zwei komplementäre Gruppen miteinander stritten und kommunizierten. Bei diesem Fest war die gesamte Menschheit, wie auch alle benannten oder vorhandenen Dinge der Natur, vertreten. Der Schauplatz dieser Zusammenkünfte entsprach dem gesamten Raum, und die Zeit des Turniers, während der in traditionellen Spruchgedichten nacheinander dem Kosmos eine Anzahl Signale gegeben wurde, umfasste die gesamte Zeit. Dieses totale Schauspiel war ein belebtes Schauspiel. Die beiden rivalisierenden Parteien mussten so lange Lieder austauschen, als der tänzerische und dichterische Wettstreit andauerte. Während das mit sich gegeneinander bewegenden Chören besetzte Kampffeld aus gegensätzlich gearteten, einander gegenüberliegenden Räumen zu bestehen schien, bestand die mit Wechselgesängen und Gegentänzen erfüllte Zeit des Turniers offenbar im Zusammenwirken zweier konkurrierender, gegengeschlechtlicher Gruppen. Außer in der Verschiedenheit der Raum- und Zeitabschnitte liegt darin die Erklärung für die rhythmische Verbindung der Räume und Zeiten unter der Herrschaft der Sammelbegriffe Yin und Yang. Raum und Zeit - die jeweils aus gegensätzlichen und sich wechselweise ablösenden Raum- und Zeitabschnitten bestehen - bilden ebensowenig in sich eine Einheit, wie man sich einen der beiden von dem anderen unabhängig vorstellen kann - aber sie bilden zusammen ein unlösbares Ganzes. Und dieses Ganze umschließt sowohl die Welt der natürlichen Dinge als auch die Menschenwelt, denn es ist, genauer gesagt, mit der gesamten Gesellschaft identisch, in der sich alle vorstellbaren Gegebenheiten auf zwei gegensätzliche Lager verteilen. - Grundlage der Gesellschaftsordnung und Ausgangsbasis für eine jahreszeitliche Verteilung der menschlichen Arbeit war der Gegensatz der Geschlechter. Ebenso erschien der Gegensatz des Yin und des Yang als Grundlage der kosmischen Ordnung. Man verstand ihn als das Prinzip einer rhythmischen Verteilung der Werke der Natur. Niemals war die Einheit des Kosmos vollkommener, niemals völliger zu spüren als während jener heiligen Augenblicke, in denen man zugleich Örtlichkeiten, Anlässe, Arbeiten, Verwendungsmöglichkeiten und Embleme sinnvoll aufteilte und - in der Absicht, eine gemeinsame Hochzeit zu feiern, während Yin und Yang ihrerseits sich ebenfalls vereinigten und geschlechtlich verbanden - die allesumfassende Ordnung erneuerte. Wenn man also auf Grund der Unterscheidung der Geschlechter dem Raum, der Zeit, der Gesellschaft und dem Kosmos eine zweiteilige Struktur zuschrieb, so geschah dies keineswegs unter dem Einfluss einer spekulativen Tendenz zu einem substantialistischen Dualismus. ***Der Gedanke des Paars wird nie von der Vorstellung einer Verbindung gelöst, und maßgebend bei der Regel der Zweiteiligkeit bleibt die Auffassung, dass beide Teile ein Ganzes darstellen.***[6]

Hier wird deutlich, dass aus der gesellschaftlichen Polarität der Geschlechter u.a. auch die Produktionsweisen und -funktionen zu geschlechtsspezifischen Gegensätzen stilisiert wurden, in dem z.B. die Frauen für die Weberei zuständig waren, die zumeist in der Zeit dunklen und trüben Wetters vonstattenging, und die Männer für den Landbau, welcher selbstverständlich auf die Jahreszeiten sonnigen und warmen Wetters angewiesen war.

Es überrascht deshalb sicherlich auch nicht die Gleichsetzung von Yang mit der Gemütsverfassung von Menschen bei hellem und klarem Wetter und Yin mit der Gemütsverfassung bei trübem und

[6] Marcel Granet: "Das chinesische Denken", dtv, 1963, S. 103-107

dunklem Wetter. Yang als hell, klar, männlich, im Gegensatz zu Yin als dunkel, diffus und weiblich zu verstehen, sind dann nur noch vereinfachte und vereinfachende Ableitungen der vielschichtigen Entwicklungszusammenhänge des Gegensatzpaares Yin und Yang, dessen grundlegende Ordnungsfunktion in dem Ausgleich und der unlösbaren Verbindung sich ausschließender Kräfte gipfelt.

Es scheint mir an dieser Stelle sehr wichtig zu sein, dass das grundlegende Konzept, unvereinbare Widersprüche und Gegensätze bzw. Unabsehbarkeiten zu erkennen und zu bewältigen, derart grundsätzlicher Ordnungsbegriffe bedarf, wie das Yin und Yang sie darstellen. Dass die Ordnung als oberstes Gebot menschlichen Denkens und menschlicher Erkenntnis sowohl in der chinesischen Philosophie wie auch in derjenigen unseres Kulturkreises jedem weiteren Schritt der Erkenntnis zugrunde liegt, mögen die beiden folgenden Zitate belegen :

Später gaben sich die Philosophen mit dieser Sicht der Schöpfung jedoch nicht zufrieden. Chen Yi und Chu Hsi aus dem elften und zwölften Jahrhundert glaubten, hinter dem Materialismus des ***Ch'i*** *müsse es noch ein letztes Prinzip geben, welches seinen schöpferischen Charakter bestimmt. Dieses Prinzip bezeichneten sie als* ***Li****.*

Chu Hsi sagt: "Die Schöpfung des Menschen hängt einfach ab von der Vereinigung des Prinzips mit dem Äther. Wahrlich, das Himmlische Prinzip (T'ien Li) ist endlos und unerschöpflich. Alles menschliche Vermögen der Sprache, Bewegung, des Denkens und Handelns stammt allein vom Äther her. Und doch ist diesem Äther das Prinzip inhärent." Li ist die formale Ursache, Ch'i die materielle Ursache. In der metaphysischen Welt, jenseits von Substanz, ist Li oder Prinzip. Alle Dinge, der Mensch eingeschlossen, müssen im Augenblick ihrer Schöpfung Li empfangen, um ihr einzigartiges Wesen zu begründen.

Die Welt des Prinzips ist endlos und rein, aber leer. Sie ist in sich selbst gestalt- und formlos, obwohl sie alle Form hervorbringt. Sie ist ohne Wille oder Macht. Nur in Verbindung mit der materiellen Welt des Ch'i manifestiert sie sich in der Welt der Sinne. Prinzip ist ewig und transzendiert Zeit und Raum. Baut man ein Haus, so wird es aus substantiellen Gegenständen zusammengesetzt, aus Ziegeln, Holz und Mörtel. Aber es muss einen Plan geben, der diese Substanzen zu einem sinnvollen Ganzen versammelt. Das Material ist Ch'i, der Plan ist Li. Wenn das Haus dem Plan entsprechend gebaut ist, dann manifestiert es Li in seiner konkreten Form.

Prinzip besteht vor seiner Objektivierung. Bevor der Wagen oder das Schiff existieren, besteht also schon das Prinzip ihres Seins. Erfindung ist damit nichts anderes als die Entdeckung eines bereits bestehenden Prinzips. Die geschaffene Aktualität muss dem Prinzip entsprechen. Sie wird damit zu der physischen Verkörperung der ewigen Idee. Für jede Möglichkeit, die tatsächlich besteht, muss es ein ewiges Konzept in der Welt des Prinzips geben. Die Welt des Prinzips selbst ist deshalb vollständig und vollkommen.[7]

Ordnung [...] benennt eine Konfiguration von Teilen, die jedem ihrer Bestandteile seine (Ordnungs-)Stelle anweist. [...] Ordnung ist ein Fundamentalbegriff, dessen Klärung ordnungsgemäß sein, d.h. ihn selbst voraussetzen muss. Er bezeichnet nicht bloß eine Eigenschaft oder einen Zustand von Wirklichem unter anderen Eigenschaften oder Zuständen, wie wenn wir von einer geordneten Landschaft oder einem ordentli-

---

[7] Chang Chuang-Yuan: "Tao, Zen und schöpferische Kraft", Eugen Diederichs Verlag, 1975, S. 58

chen Stück Arbeit sprechen, sondern darüber hinaus eine Bedingung der Möglichkeit: ohne Ordnung gibt es weder Landschaft noch Arbeit. In Allgemeinheit ausgedrückt: eine ordnungslose Wirklichkeit ist undenkbar, es sei denn unter der Form von Grenzbegriffen wie Chaos oder Tohuwabohu. Gleichermaßen kann Erkenntnis nicht ohne Ordnung sein, und zwar in doppeltem Sinn: sie ist ordnungsbezogen einmal, weil sie ordnungsmäßig verfahren, d.h. sich einer Methode bedienen muss, und ferner, weil sie dazu bestimmt ist, die Ordnung der zu erkennenden Gegenstände ans Licht zu bringen.[8]

[8] Helmut Kuhn, in: "Handbuch philosophischer Grundbegriffe", Kösel-Verlag, 1973, S. 1037

Dem harmoniebedürftigen Allgemeinverständnis entsprechend finden wir in der Literatur, die sich mit dem Thema Yin und Yang beschäftigt, auch immer wieder die unverkennbare Priorität des Ausgleichs bzw. Einklangs:

Wenn die beiden Kräfte in vollkommenem Gleichgewicht wirken, so wird eine Einheit erreicht, die in sich selbst eine Kraft ist und von einer kontrollierten Kraft gesteuert wird. Andererseits haben Unausgeglichenheit und Disharmonie keine Kraft, sondern fallen in sich zusammen. Alles, was außerhalb der Harmonie steht, was falsch oder unausgeglichen ist, sei es physisch, psychisch oder geistig, sei es im Individuum oder in der Welt im Allgemeinen, muss als ein Versagen oder eine Störung des Gleichgewichts der Yin-Yang-Kräfte betrachtet werden. Dies gilt nicht nur für menschliche Wesen, sondern für jegliches Leben, was die Erhaltung der Gesundheit und des Wohlergehens betrifft. "Wenn das Gleichgewicht des Positiven und des Negativen gestört ist [...] leidet der Mensch selbst körperlich darunter." Darum wurden im alten China die Ärzte dafür bezahlt, dass sie dieses Gleichgewicht aufrechterhielten, und zu einer Geldstrafe verurteilt, wenn ihre Patienten krank wurden, da man dies als ein Versagen des Arztes betrachtete.

Die zwei großen Kräfte können, wenn sie in der Welt wirken, sowohl wohltätig als auch feindselig sein, je nach dem Verhalten des Individuums oder des Staates, die das Gleichgewicht stören oder erhalten.[9]

Allein die Methode, Gegensätze zu einem unauflöslichen Ganzen zusammenzuschweißen - und damit haben wir es bei dem Yin- und Yang-Konzept *eigentlich* zu tun -, deutet auf nichts anderes als auf eine Anpassung an die Wirkung sämtlicher dahinterstehender Kräfte hin.

Der König Tsch'êng, 1115-1078 v. Chr., sprach: "Ich setze den Großmeister, den Großassistenten und den Großkurator ein. Dies sind die drei Staatssekretäre. Sie diskutieren die Prinzipien, sorgen für die Länder und bringen Yin und Yang in Einklang. Der Jungmeister, Jungassistent und Jungkurator heißen die drei Unterstaatssekretäre. Sie helfen den Staatssekretären in der Verbreitung der zivilisatorischen Einflüsse und unterstützen ehrfurchtsvoll Himmel und Erde ." Der zu dieser Stelle von Legge zitierte Kommentar Wang Kêng-yen bemerkt hierzu: "Das In-Einklang-Bringen von Yin und Yang bedeutet nicht eine besondere Methode, sondern lediglich die Regelung der menschlichen Dinge so, dass jeder erhält, was ihm zukommt, denn dann entsprechen die Kräfte von Himmel und Erde dem von selbst.[10]

Gegensätze definieren ursprünglich Unvereinbarkeiten und stehen stellvertretend für Probleme und

---

[9] J. C. Cooper: "Der Weg des Tao", O. W. Barth Verlag, 1977, S. 50 f.
[10] Alfred Forke: "Geschichte der alten chinesischen Philosophie", Cram, de Gruyter & Co., 1964, S. 47

Schwierigkeiten, denen der Mensch sich ununterbrochen ausgesetzt sieht. Fügt der Mensch - verstanden als **eine** Position eines möglichen Gegensatzes - beides zu einem Ganzen zusammen, so kann dies nur heißen, dass er sich, zugunsten einer schnellen Antwort, die sich dem Gegensatz nicht stellt, an denselben anpasst. Harmonisierung oder Gleichklang wäre eine positive Bezeichnung dafür - woher allerdings die darin enthaltene oder daraus resultierende Ordnung stammt, eine ernste und kritische Frage. Jede Ordnung, auch die der Vereinigung von Yin und Yang, muss sich an der Realisierbarkeit ihres Anspruchs messen lassen. Ist dieser Anspruch nur theoretisch existent, aber praktisch nicht erfüllbar, so degradiert sich diese Ordnung vornehmlich zu einer bloßen Anpassung an und Reaktion auf jene Kräfte, die sie vorgab, zu bewältigen.

Geht man einmal davon aus, dass ein Ordnungsbegriff an seinem Versprechen zu messen sein muss, so bleiben die Erwartungen, die an einen esoterisch-exotischen Universalschlüssel mit dem Namen Yin und Yang gestellt werden, angesichts der Unmöglichkeit, sie seinem Eigenanspruch adäquat zu verwirklichen, unerfüllbar. Yin und Yang als Bestandteil menschlicher Denkkonzepte zu verwerfen oder als unbrauchbar zu erklären, wäre dabei weniger die Schlussfolgerung, als von einer unnötigen Überlastung des Yin und Yang mit fortwährenden metaphysischen Zirkelschlüssen Abstand zu nehmen.

Im Kapitel "Yin & Yang - Teil 2" wird dieses Thema hinsichtlich der Geschichte wie auch des aktuellen Verständnisses von Yin und Yang vertieft. Dabei sind jetzt schon Entdeckungen von Denkweisen vorauszusagen, die im chinesischen Kulturkreis ebenso wie in unserem - unter Verzicht auf Polaritätskonzepte und ihre harmonistischen Konsequenzen - den Problemen und Fragestellungen menschlicher Existenz entgegentreten.

Regeln

*Dass du dich an die Regeln hältst,
muss mir nicht viel bedeuten,
wenn du wie all die andern fällst
mit deinen ganzen Leuten.*

Wirklich

Ein Baum hat viele Blätter
und doch nur einen Stamm,
im Schopf die Brut wird fetter
ohne den Läusekamm.

Die Engerlinge fressen
dort, wo der Maulwurf fehlt;
zu schnell wird das vergessen,
wenn dann der Anblick quält
von vielen kleinen Hügeln
auf dem gepflegten Rasen;
da neigt der Mensch zum Bügeln
und Blumenzieh'n in Vasen.

Die Ordnung und die Übersicht,
die sind dem Menschen wichtig,
und wenn das Leben widerspricht,
dann stellt er es schnell richtig.

Drum Blätter hin und Stämme her,
bedeutend ist das Zählen,
zu scheiden zwischen leicht und schwer
und frei zu sein zum Wählen.

Doch welche Freiheit soll das sein,
gefesselt an Adressen,
Bedingungen und schönen Schein,
geboren zu vergessen,
dass jede kleine Sache
durch ihre Wirkung erst entsteht,
das heißt, was ich auch mache,
das eine kommt. Das and're geht.

YIN & YANG

in der Literatur- und Philosophiegeschichte Chinas

Yin & Yang - Teil 2

In den Mittelpunkt des zweiten Yin & Yang-Kapitels möchte ich beispielhaft Geschichten und Aussagen zum Thema stellen, die sich in der Literatur- und Philosophiegeschichte Chinas niederschlagen, allerdings ohne sie besonders zu interpretieren. Selbstverständlich habe ich diese Zitate, soweit es der Platz überhaupt möglich macht, gezielt gewählt, um damit unter anderem später die wesentliche Schlussfolgerung, zu der ich in der Auseinandersetzung mit dem Problembegriffspaar Yin und Yang gekommen bin, zu begründen.

Auffällig sind sicherlich in jeder der vorliegenden Geschichten oder Abhandlungen über Yin und Yang aus den Klassikern die positivistischen, auf Ordnung und Verfügbarkeit gerichteten Grundmerkmale. Ich kann an dieser Stelle bereits aufdecken, dass ich im dritten Teil dieser Serie eine Erklärung anstrebe, die die Begriffe Yin und Yang auf den frühgeschichtlichen Platz gesellschaftlicher Aneignungs- und Verwaltungsprozesse verweist. Zusätzlich kann jetzt schon in dieser Hinsicht festgestellt werden, dass sich die an Besitz- und Teilungsprinzipien orientierte Entwicklung menschlicher Zivilisation den mit dem

Verständnis von Yin und Yang erhofften Erkenntnis- und Befreiungsprozessen geradezu widersetzt. Bekannt ist eher, dass die erkenntnistheoretisch differenzierte Weiterentwicklung der Prinzipien von Yin und Yang bislang immer nur die apparativ-technologische Qualifizierung und bessere Organisation der Umlastung der ungebrochenen Schwierigkeiten menschlicher Existenz bedeutet. Die Lösung aller Fragen in der Harmonie oder im Einklang bzw. in der Auflösung aller Widersprüche bleibt bei nüchterner Betrachtung ein bloßes Versprechen.

Der nützliche Anteil meiner Überlegungen und Folgerungen nun zielt darauf ab, dieses große, leere Versprechen als Methode und System transparent zu machen und den Nimbus der unerklärlichen Herkunft und der letzten, verborgenen Antworten zu brechen. Ich bin sicher, dass sich eine ganze Reihe unerträglicher Wiederholungen und Zirkelschlüsse menschlichen Denkens bei entsprechend konsequenter und interessierter Bemühung auf diese Weise entfesseln lässt.

Bevor ich mich jedoch diesen Überlegungen genauer widme, sollen an dieser Stelle, nach einer Erläuterung Alfred Forkes aus seiner "Geschichte der chinesischen Philosophie" zum chinesischen Verständnis der Welt, die angekündigten Klassiker folgen:

Die beiden wichtigsten Trigramme sind das erste und das letzte, Himmel und Erde darstellend. Diese nahmen, wie wir sehen, auch im Kultus der ältesten Zeit die erste Stelle ein. Was bedeuten nun die drei ungebrochenen und die drei gebrochenen Linien, aus denen sie gebildet sind? In den Yiking-Kommentaren werden die ganzen Linien als harte oder starke, die gebrochenen als weiche oder schwache bezeichnet, oder aber die ungebrochenen als yang, die gebrochenen als yin. Die Existenz der Yin-Yang-Theorie lässt sich nur bis zum 12. Jahrhundert v. Chr. nachweisen, aber daraus folgt keineswegs, dass sie nicht schon lange vorher bestanden hat. Die Quellen für die älteste Zeit der chinesischen Kultur sind so spärlich, dass aus der Nichterwähnung irgendeiner Institution nicht ohne Weiteres auf ihr Nichtvorhandensein geschlossen werden darf. Eitel ist der Ansicht, dass die Begriffe Yin und Yang erst zwischen dem Beginn der Tschou-Zeit und Lao-tse entstanden, dass aber die Idee eines Dualprinzips, welches von den Symbolen Himmel und Erde noch nicht scharf gesondert wurde, schon in ältester Zeit vorhanden gewesen und in den Trigrammen zum Ausdruck gekommen sei.

Mir scheint, dass die ungebrochene, starke Linie den Stoff darstellen soll, aus welchem der Himmel gemacht ist, und die gebrochene, schwache die Erdsubstanz bedeutet. In späterer Zeit verstand man darunter einfach die beiden Urelemente Yin und Yang, in der Urzeit aber war diese Abstraktion noch nicht rein durchgeführt. Woraus bestand nach Ansicht der ältesten Chinesen die Erde? Die Ku-wên-Form des Schriftzeichens 地 *Erde gibt uns darüber Auskunft. Diese ist* *"Erde und Berge" und* *"Erde und Wasser", also man fasste die Erde als aus Erde oder aus Erde und*

Wasser bestehend auf. Dem müssen beim Himmel nach dem Gesetz der Antithese und des Parallelismus auch zwei Substanzen entsprechen. Die eine war jedenfalls trocken und hart, worauf das Zeichen 乾 und die Bezeichnung 剛 für die Yang-Linie hinweist. Die Chinesen im Altertum stellten sich den Himmel als eine sich drehende harte Kuppel vor, an welcher die Sterne befestigt waren. Der Himmelsstoff war also die Substanz dieser blauen Kuppel oder Glocke. Dem Wasser der Erde entsprach dann weiter das Sonnenfluidum, die von der Sonne ausgestrahlte Wärme, das Feuer, welches nach der späteren Theorie als himmlisches Fluidum oder Yang galt. Wir haben also zwei Elemente, Erde und Wasser, welche die Erdsubstanz, und zwei andere, Himmelsstoff und Feuer, welche die Himmelssubstanz bilden. Die ungebrochene Linie symbolisiert ▬▬ den harten Himmelsstoff, die gebrochene ▬ ▬ die weichere Erde. Beim Wahrsagen mit der Schafgarbe wurden die Yang-Linien durch ungebrochene, die Yin-Linien durch geknickte Stängel dargestellt.[1]

Nach Forke werden im Liki, dem Buch der Riten, der Sitten und Gebräuche, die Entstehung der Welt und des Menschen so erklärt:

"Also haben die Gebräuche ihren Grund in der Großen Einheit. Diese spaltet und wird zu Himmel

---

[1] Alfred Forke: "Geschichte der alten chinesischen Philosophie", Cram, de Gruyter & Co., 1964, S. 22-23

und Erde. Indem sie sich im Kreise dreht, gehen daraus Yin und Yang hervor, durch beständigen Wechsel entstehen die vier Jahreszeiten und durch eine Scheidung Geister und Dämonen."[2]

"Der Mensch ist das Erzeugnis von Himmel und Erde, entstanden aus dem Zusammenwirken von Yin und Yang, durch die Vereinigung von Geist und Vernunft und die feinste Substanz der fünf Elemente."[3]

Bei Tschuang-tse lesen wir:

"Das vollendete Yin ist kühl und ruhig, das vollendete Yang glühend und feurig. Das Kühle kommt vom

---

[2] Alfred Forke: "Geschichte der alten chinesischen Philosophie", Cram, de Gruyter & Co., 1964, S. 170

[3] Alfred Forke: "Geschichte der alten chinesischen Philosophie", Cram, de Gruyter & Co., 1964, S. 177

Himmel, das Feurige aus der Erde, beide vereinigen sich und aus ihrer Harmonie entstehen die Dinge. Irgendjemand mag dies regeln, aber noch niemand hat seine Gestalt gesehen. Zu- und Abnahme, Fülle und Leere, bald Dunkelheit, bald Helligkeit, der Wechsel der Sonne und die Phasen des Mondes, alle diese Dinge gehen täglich vor sich, aber niemand sieht, wie sie zustande kommen. Leben hat seinen ersten Anfang, von wo es ausgeht, und der Tod einen Ort, wohin er zurückkehrt. Anfang und Ende lösen sich ab ohne Ausgangspunkt, und man weiß nicht, wo sie enden werden. Wenn dieses nicht so sein sollte, wer ist es, der alles leitet?"[4]

"Des Menschen Leben ist eine Zusammenfassung der Lebenskraft. Solange sie zusammengefasst ist, lebt er, sobald sie sich zerstreut, stirbt er. Weshalb klagen wir also, wenn Tod und Leben aufeinander folgen? Also sind alle Dinge eins. Das, was wir an ihnen bewundern, ist das Geistige, Außerordentliche, und was uns missfällt, ist Fäulnis und Verwesung: aber Fäulnis und Verwesung geht wieder in das Geistige und Außerordentliche über, und dieses wieder in jenes. Daher heißt es, dass die ganze Welt von ein- und derselben Lebenskraft erfüllt ist, und die Weisen verehren deswegen die Einheit."[5]

---

[4] Alfred Forke: "Geschichte der alten chinesischen Philosophie", Cram, de Gruyter & Co., 1964, S. 318

[5] Alfred Forke: "Geschichte der alten chinesischen Philosophie", Cram, de Gruyter & Co., 1964, S. 318-319

Selbst der als der größte Skeptiker der chinesischen Philosophiegeschichte bezeichnete Wang Tsch'ung kann am Ende seiner auf Polarität und Gegensatz gegründeten Auffassung im "Lun-hêng" dem Zwang zu fatalistischen Schlussfolgerungen nicht entrinnen. Beschwert er sich noch zu Beginn im Ansatz darüber, dass die unterstellte Ordnung von Himmel und Erde so viel Schmerz, Leid und Elend auslöse, so flieht er am Ende, wie alle Denker, denen daran liegt, dem hilflosen Allgemeinverständnis entgegenzukommen, um begriffen zu werden, in das übliche, rhetorische Ritual der Schicksalsbeschwörung und der offenen Fragen.

"Wenn der Himmel alle Geschöpfe mit Absicht erschüfe, dann müsste er darauf hinwirken, dass sie sich untereinander innig liebten, und er dürfte nicht zulassen, dass sie sich gegenseitig schädigen und vernichten. Darauf könnte jemand erwidern: 'Der Himmel bringt die Wesen alle durch die Fluida der fünf Elemente hervor. Daher haben sie die Fluida der fünf Elemente in sich, es ist nun aber das Wesen dieser Elemente, dass sie sich gegenseitig bekämpfen und vernichten.' Ich antworte: 'Dann müsste der Himmel die Geschöpfe mit dem Fluidum eines einzigen Elements schaffen und ihnen die gegenseitige Zuneigung einpflanzen und nicht den Fluida der fünf Elemente gestatten, dass sie sich bekämpfen und zerstören.'

Vielleicht sagt jemand, wenn man Dinge benutzen wolle, dann müsse man sie veranlassen, sich anzugreifen und zu vernichten, denn erst dann erhielten sie die

Form, welche sie haben sollten. Daher benutze der Himmel die Kräfte der fünf Elemente, um die Dinge hervorzubringen, und der Mensch verwende diese für seine zahlreichen Zwecke. Wenn die Dinge sich nicht gegenseitig unterjochen, lassen sie sich nicht verwenden, und ohne gegenseitigen Vernichtungskampf sind sie nicht zu formen. Wenn Metall das Holz nicht verletzt, lässt sich das Holz nicht formen, und wenn das Feuer das Metall nicht schmilzt, lässt sich kein Gefäß daraus gießen. So erweist sich der Schaden, welchen sich die Dinge zufügen, schließlich als ein gegenseitiger Vorteil. Wenn die Geschöpfe, welche Blut in ihren Adern haben, sich gegenseitig überwältigen, totbeißen und verschlingen, so sind es die Fluida der fünf Elemente, welche sie dazu treiben.

Also, wenn der Himmel die Geschöpfe geschaffen hat und wünscht, dass sie füreinander von Nutzen sind, so ist das ohne gegenseitige Schädigung und Vernichtung nicht möglich. Aber der Himmel hat auch Tiger, Wölfe, Vipern, Schlangen, Wespen und Skorpione hervorgebracht, die alle den Menschen angreifen und verletzen, war es also seine Absicht, dass der Mensch ihren Zwecken dienen sollte?"[6]

"Alle Menschen empfangen ihr Schicksal schon zur Zeit der Erzeugung durch ihre Eltern. Dann schon wird ihnen Glück oder Unglück zuteil. Die natür-

[6] Alfred Forke: "Geschichte der mittelalterlichen chinesischen Philosophie", Cram, de Gruyter & Co., 1964, S. 118

lichen Anlagen sind vom Schicksal verschieden. Vielleicht ist die Natur gut, aber das Schicksal unglücklich, oder die Natur ist schlecht, aber das Schicksal glücklich. Ob die Handlungsweise gut oder böse ist, hängt von der Natur ab, und ob ihnen Glück oder Unglück, Segen oder Elend beschieden ist, ist Schicksal. Die Taten können gut sein, aber trotzdem wird jemand unglücklich, dann ist der Charakter gut, aber das Geschick ist ungünstig, oder jemand kann trotz seiner schlechten Taten Glück erlangen, dann sind die Anlagen schlecht, aber das Schicksal ist günstig."[7]

In sehr vereinfachter Form gibt das Yin fu tching diesem Inhalt dem Anschein nach harmonische Gestalt.

"Der Himmel und die Erde sind Räuber an allen Dingen. Alle Dinge sind Räuber am Menschen, und dieser ist Räuber an allen Dingen. Wenn diese drei Räuber in richtiger Weise verfahren, so sind die drei Mächte in Ordnung."[8]

Die wohl geradezu als typisch zu bezeichnende Definition von Yin und Yang in zirkelschlüssiger Verklärung und Aussagelosigkeit finden wir bei Tsch'eng I in der Zusammenfassung von Alfred Forke:

---

[7] Alfred Forke: "Geschichte der mittelalterlichen chinesischen Philosophie", Cram, de Gruyter & Co., 1964, S. 120-121
[8] Alfred Forke: "Geschichte der alten chinesischen Philosophie", Cram, de Gruyter & Co., 1964, S. 248

Das Wesen von Yin und Yang ist Bewegung und Ruhe, Öffnen und Schließen. "Der Meister sagte: 'Ruhe und Bewegung sind die Grundlagen von Yin und Yang'." Yin ruht, Yang ist in Bewegung. Bewegung und Ruhe, Yin und Yang folgen aufeinander in einer ununterbrochenen Kette, ohne Anfang und Ende, so dass man nicht sagen kann, dass ein Glied dem anderen vorausgeht. "In der Ruhe ist Bewegung und in der Bewegung Ruhe. Daher sagt man, dass Ruhe und Bewegung dieselbe Quelle haben." Diese Quelle ist der Geist oder die Geister, welche in Yin und Yang wirksam sind. Die Ruhe hat schon die Bewegung als Keim in sich und die Bewegung die Ruhe, oder mit andern Worten, die Bewegung ist potentiell in der Ruhe und diese ebenso in der Bewegung enthalten. Die Ruhe ist latente Energie und diese latente Ruhe. Das Öffnen und Schließen bedeutet, dass das Yang-Fluidum sich öffnet und ausdehnt, das Yin-Fluidum sich schließt und zusammenzieht.

Die Welt und alle Dinge in ihr sind durch die Einwirkung von Yin und Yang in beständiger Wandlung begriffen. Diese kann eine teilweise oder eine vollständige sein. Wenn die frühere Gestalt noch zum Teil erhalten bleibt, spricht man von Umgestaltung (pien), wenn eine vollständige Umwandlung erfolgt, wobei die frühere Gestalt verschwindet, von Verwandlung (hua).[9]

[9] Alfred Forke: "Geschichte der neueren chinesischen Philosophie", Cram, de Gruyter & Co., 1964, S. 93

Ein schönes Beispiel literarischer Mystifikation unseres Themas, das in einer romantischen Allerweltsaussage gipfelt, die sich in der Positur des Märchens jedem denkbaren Begreifen aufdrängt, ist eine Geschichte von Tschuang-tse:

Als Konfuzius, der das Tao noch nicht verwirklicht hatte, nach Süden ging, um Lao Tzu zu treffen, fragte ihn dieser: 'Ich höre, Ihr seid ein Weiser aus dem Norden. Habt Ihr auch das Tao empfangen?' 'Noch nicht', antwortete Konfuzius. Der andere fragte: 'Wie habt Ihr es gesucht?' Konfuzius entgegnete: 'Ich habe in Riten und Regeln gesucht, und nach fünf Jahren hatte ich es noch nicht erreicht.'

'Und wie habt Ihr es dann gesucht?' Konfuzius sagte: 'Ich habe es in den Prinzipien von yin und yang gesucht, aber nach zwölf Jahren hatte ich es noch immer nicht erreicht.'

Da erklärte Lao Tzu: 'Dies ist der Grund, warum das Tao nicht einem anderen übertragen werden kann: Wo es im Inneren kein beherrschendes Zentrum gibt, da wird es nicht verweilen.' Und Lao Tzu fuhr fort: 'Nur gut, dass Ihr nie mit einem Machthaber zusammengetroffen seid, der die Welt hätte beherrschen können. Die Sechs Klassiker, die Ihr erwähntet, sind nur die ausgetretenen Fußstapfen der Weisen der Vergangenheit. Die Fußstapfen stammen von Schuhen, doch sie sind nicht die Schuhe selbst. Die Falken starren einander an, und ohne dass sie ihre Augen rührten, kommen ihre Jungen zustande. Es gibt ein männliches

Insekt, das in den Wind zirpt, und das Weibchen zirpt gegen den Wind, und so entstehen ihre Jungen. Es gibt auch hermaphroditische Tiere, die unabhängig voneinander Junge hervorbringen.' Konfuzius soll drei Monate lang über die Bemerkungen des Lao Tzu nachgedacht haben. Dann kehrte er zurück und sagte: 'Die Elstern und ihre Art brüten die Jungen aus Eiern aus. Fische erhalten ihre Art, indem sie den Rogen befruchten. Die Wespe entsteht durch den Prozess der Metamorphose. Wird der jüngere Bruder geboren, so weint der ältere Bruder.' Lao Tzu war so erfreut über diese Antwort, dass er entgegnete: 'Sehr gut, fürwahr! Ihr habt das Tao erfasst.'[10]

Lao Tzu und Konfuzius

[10] Chang Chung-Yuan: "Tao, Zen und schöpferische Kraft", Eugen Diederichs Verlag, 1975, S. 94

Hypowitz

Wer in meine Spuren tritt,
der muss sich im Klaren sein,
er ist damit schon zu dritt
und nicht einer passt hinein.

Traumtanz

Wisst ihr, ich habe am Mondlicht gefeilt,
um ihm den Glanz und den Schein zu verbessern,
ich habe das Nichts ins Ganze geteilt,
wollte mit Löffeln die Meere bewässern.

Ich war bereit, unendlich zu leiden,
nur um den Flug ohne Flügel zu tun,
zu allem bereit, bloß nicht bescheiden,
am Ziele vielleicht auch noch auszuruh'n.

Ich bin wohl gesprungen, immer zu kurz,
denn viel zu wenig lag mir am Vergleich,
ich wähnte mich sicher, auch noch im Sturz,
und nicht meine Tat, die Welt wurde weich.

Bald konnte ich den Horizont streifen,
ich wollte weit darüber hinaus,
doch mit der Ferne kam das Begreifen,
ich war lang schon daheim und zu Haus,

kein Ort zum Bleiben oder Verweilen,
atemlos hielt ich den Schmerz und den Druck,
mehr als zu flüchten oder zu eilen
brennt noch der Durst nach ergiebigem Schluck.

Weil unnachgiebig, getreulich und fest,
ich nichts and'res tu' trotz der Verluste,
macht alle Welt plötzlich gerne den Rest,
so als ob sie das schon immer musste.

Wisst ihr, mir schien öfter, ihr hättet recht,
und das genügte, dagegen zu sein,
deshalb sage ich euch, nichts war so echt,
wie jener Trugschluss am Mond und am Schein.

Und ihr müsst wissen, was ich auch sage,
immer war 's Lüge und bleibt gelogen,
euch fehlt die Antwort und mir die Frage,
ich bin schon vor den Vögeln geflogen.

YIN & YANG

Analyse und Schlussfolgerung

Bedeutung des Yin und Yang für die gesellschaftlichen Aneignungs- und Verwaltungsprozesse nicht nur in der Frühgeschichte Chinas

Yin & Yang - Teil 3

Wenn wir noch einmal zusammenfassen, aus welchen Vorstellungen sich möglicherweise schon in der Frühgeschichte das grundsätzliche Ordnungs- und Denkgefüge Yin und Yang herleitet und wie wenig sich die uns bis heute bekannte Ausgestaltung von der eigentlichen Grundaussage entfernt hat, dann wird es uns leichter fallen, die unselige Verbindung zwischen der gesellschaftlichen Funktion dieses Anpassungsreflektors und seines ursprünglichen Vermeidungscharakters zu erkennen. Die später zunehmende Differenzierung und Abstrahierung dieses Begriffspaares und seiner geradezu zwingenden Schlussfolgerung, mit formalen Operationen einen höheren Standpunkt zu erwirtschaften, ist einfach mit den entsprechenden Ansprüchen und Innovationen im Bereich der Geschichte gesellschaftlicher Verfügungsgewalt und Produktionsweisen synonym. Leicht wird man darüber hinaus auf diese Weise zu der grundsätzlichen Position verführt, das in Wahrheit nackte Raub- und Machtverhalten des Menschen gegen den Menschen und gegen seine

Umwelt auf die Stufe göttlicher Unvermeidlichkeit zu erheben. Dazu müssen wir uns vor Augen führen, dass mit dem ursprünglichen Yin die Erde, das Dunkle, das Weiche und Nachgiebige - mithin die unergründliche Ressource oder das ewige Objekt - gemeint wäre gegenüber dem Yang, das in einseitiger Abhängigkeit als Himmel, Klarheit, Schärfe, Härte und Unbeugsamkeit die uneingeschränkte schöpferische Gewalt darüber behält.

Auf eine kurze Frage gebracht: Wer schöpft woraus, warum? Sicher ist auf jeden Fall, dass sich darin eine kosmologische Determination oder Ordnung des sich in "oben oder unten", "hart oder weich", "nachgeben oder durchsetzen" etc. präsentierenden Yin- und Yang-Symboles darstellt, welches die Unterschiede von "Oben" und "Unten" in der gesellschaftlichen Ordnung plausibel erscheinen lässt.

Das Ausbeutungs- und Machtstreben des Menschen gegen den Menschen und des Menschen gegen seine Umwelt wird jedoch nicht, wie allgemein vermutet, durch diese himmlische Ordnung "Oben und Unten", "Tag und Nacht" etc. etwa begründet, sondern nur reflektiert. Das seiner Grundlegung immanente Versprechen, einen höheren Sinn zu erfüllen oder zu guter Letzt den schmerzlichen Gegensätzen und Widersprüchen eine absehbare Endstruktur - also Harmonie - zu verleihen, bleibt naturgemäß ein Versprechen. Formal betrachtet unterstellt der harmonisierte Gegensatz die Freiheit des Wechsels, den Raum in der Enge und den Sinn in der Qual.

Das ist ein äußerst attraktives Angebot gegenüber der bloßen Erkenntnis, Gegensatz und Widersinn als die absehbare Auflösung einer als Eigentum bzw. Sicherheit geordneten - also im Wesentlichen unberührbaren - Identität zu begreifen. Der in einem derartigen Harmonisierungskonzept in Erscheinung tretende Zugriff, namentlich Anfang und Ende und Ende und Anfang, auf in diesem Denken ansonsten unabsehbare Prozesse, erweist sich als, wenn auch verständliche, so doch hilflose Beschwörung.

Auf den ersten, zweiten und dritten Blick mag der Harmonie- und Ausgleichsgedanke jedem einleuchtend erscheinen, es sei denn, es wird dem Menschen angesichts größter Schwierigkeiten und Probleme unausweichlich deutlich, von welchem gesellschaftlichen Interesse die Mär von endlicher Gerechtigkeit und Lösung aller menschlichen Fragen beansprucht und vorgetragen wird, nämlich nur von denjenigen sozialen Gruppierungen, die das Freisein von Problemen und Zwängen als ihr Eigentum und ihren Besitz deklarieren und damit dem gemeinschaftlichen oder gesellschaftlichen Zugang entziehen. Dem gesellschaftlichen Hunger nach Ausgleich wird dieser Anspruch auf Erfüllung, einem Fixstern gleich, als Ideal und Ziel erreichbar an den Zenit des Strebens gesetzt. So behalten Götter, Geister und Dämonen, tiefster Aberglaube und heilige Versprechungen, mit dem stetigen Wiederbeleben der sich am Beispiel des Yin- und Yang-Symboles konzentrierenden Harmoniefunktion, in der Tat ihre Macht über die Mehrheit der Menschen.

Der Logik, die nicht selten auch in Kampfkunstkreisen gerne philosophisch platziert wird, dass nämlich Gewalt Gegengewalt auslöse und deshalb nicht gut sei, kann man doch nur auf die Spur kommen, wenn man einen Blick darauf wirft, aus welchem Grund ein so unangenehmer Begriff überhaupt zur Debatte steht. Der sich aufdrängende Eindruck im ersten Moment, es gebe hier Gewalt und dort nicht, teilt die Wirklichkeit willkürlich und mit sicher erwogenem Interesse in zwei ungleiche Hälften. Ganz einfach also lässt sich die Gewaltfrage nicht dadurch harmonisieren oder lösen, dass man die Gegengewalt erfindet, weil nämlich Gewalt der Inbegriff des Gegensatzes ist.

Wenn wir nun auf das hergebrachte Verständnis von Yin und Yang zurückgreifen, so finden wir ein Übermaß an Angebot für Lösungen und Erklärungen all jener Dinge, die der Lösung und Erklärung nicht bedürfen. Da dieses Konzept von Anbeginn ein positivistisches war, das bedeutet in unserer Sprache ein Anpassungskonzept, stellt sich die Frage nach der Beseitigung bzw. Veränderung der Ursachen für die Zwangslage der Anpassung selbstverständlich von vornherein nicht. Diese nützliche Lösung für all jene Menschen, die durch unbedenkliche Weitergabe der Zwänge auf sozialem Wege bei sich selbst den befristeten Eindruck kultivieren, sie wären - angesichts der aus der Umlastung entstandenen Vergleichssituation - in grundsätzlichen Fragen menschlicher Existenz in eine Dimension ausgewichen, die gemeinhin auch als Privateigentum ausgewiesen wird, lässt sich leicht als Illusion durchschauen.

Es ist nicht verwunderlich, dass die wirklichen Probleme der Menschheit und ihrer Gesellschaften in einem anwachsenden Maße noch der Lösung harren, solange Denkweisen und Inhalte des partiellen Zugriffs mit universellem Anspruch das offensichtlich geteilte Interesse der Menschen bestimmen. Ebenso wenig ist es erstaunlich, dass, mit der wachsenden Entfernung angestrebter Wünsche und Ziele für alle Menschen, die wirkliche Gestalt des partiellen Anspruchs in Form zunehmender Persönlichkeitsdifferenzierungen und -abgrenzungen sowie verstärkten Individualitätsstrebens in Erscheinung tritt und das unheilvolle Werk der Kultur der Unterschiede neue Dimensionen erhält.

Die Unterschiede zu determinieren und jede Frage ihrer Berechtigung für menschliche Lebensinteressen von vornherein zu neutralisieren, wäre in diesem Sinne die eigentliche Funktion des Yin- und Yang-Zeichens. Es darf an dieser Stelle nicht vergessen werden, dass das Symbol immanenter Teilung bzw. Unterscheidung und die Behauptung, es handele sich dabei um eine höhere Ordnung, geradezu auf archaische Weise das Prinzip sozialer Verwaltung wiedergibt. Es bedarf von daher eigentlich keiner besonderen Recherche, um herauszufinden, dass das Symbol für Yin und Yang im Raum höfischer und beamteter Gelehrsamkeit in China erfunden wurde. Jeder weiß, dass einen Schritt weiter zurück in der Qualifizierung der Herrschaft des Menschen über den Menschen in Richtung auf zivilisationsgebärende Staatsformen immer die Innovation der bereits in überschaubaren Zusammenhängen herrschenden Gewalt zu einer die Grenzen der bis dahin entwickelten Kommunikations- und Herrschaftsordnung sprengenden Einflusssphäre nötig war.

Die Dimension der Zahlen, Zeichen und Schrift war das Modul dieser Entwicklung. Verwaltung, Übersichten und Abstraktionen in vorher nicht bekannten Ausmaßen wurden möglich. Es liegt in der Logik der auf Gewalt basierenden Herrschaft des Men-

schen über den Menschen, diese Art von Fortschritt zu dynamisieren, um den tieferen Zweck, nämlich Sicherung der Herrschaft und damit vermeintliche Sicherheit und Dauerhaftigkeit im grundsätzlichen Sinne, zu erzielen. Dass diese angestrebte Sicherheit der im klassischen Sinne herrschenden, bevorteilten oder daran partizipierenden gesellschaftlichen Kräfte das Ergebnis eines - aus eben dieser Unterschied schaffenden Gewaltvoraussetzung folgenden - Vergleichs ist und nicht etwa ein wirkliches Resultat, wird geflissentlich übersehen.

In Sicht auf den Sinn und Zweck des durch das Yin- und Yang-Zeichen dargestellten Symboles positivistisch gebrochener Logik brauchen alle Folgespekulationen und -abstraktionen philosophischer oder semantischer Herkunft nicht berücksichtigt zu werden. Der Zweck erschließt sich in den Funktionen "Wiederholung" und "Bestätigung", denen das wichtige Merkmal eigen ist, Kontinuität und Dauerhaftigkeit vorzutäuschen. Das Streben nach Sicherheit und Freiheit im allgemeinsten Sinne ist mit der auch in der Literatur unterschiedlicher Kulturen immer wieder verarbeiteten Sehnsucht nach Dauerhaftigkeit und Endgültigkeit in irgendeiner Form identisch.

Der aktualisierende Rückgriff auf Gewesenes - also die Wiederholung - oder das stetige Arrangieren von Faktoren, die den Anschein einer unabänderlichen Orientierung erwecken - also Bestätigung - erfüllen den Anspruch der Dauerhaftigkeit keinesfalls. Als philosophisch hochentwickelte Kunstgriffe mögen sie für diejenigen Menschen von Interesse sein, die sich auf dem Rücken anderer von den die Menschen allgemein betreffenden Bedrängnissen in Sicht auf Zeit und Energie freigesetzt haben. Nichts jedoch verbraucht Energie und Zeit konsequenter und intensiver, ohne Nutzen für irgendjemanden außer dem sich selbst spiegelnden Individuum, als Sophisterei.

Zur Lösung ernsthafter Fragen kann die Betonung von Unterschieden, Grenzen oder vermeintlichen Distanzen und damit die grundlegende Verwendung des Yin- und Yang-Symboles nebst aller seiner Implikationen nicht ein Mikromaß beitragen. Die zur angemessenen Überwindung von grundsätzlichen Schwierigkeiten der Menschheit notwendige Kontinuität des Denkens ist dort gewährleistet, wo jegliche Distanz zum Gegenstand der Handlung, des Strebens und der Reflexion aufgehoben wird. Man könnte versucht sein, die verlorene Distanz zum Gegenstand der Handlung, des Strebens und der Reflexion als die Erfüllung von Yin und Yang zu betrachten, wenn man bis zu diesem Punkt immer noch nicht erkannt hat, dass Yin und Yang das Produkt dieser Distanz ist.

Heil

Der Weg ist beschwerlich,
die Welt liegt im Dreck,
den Grund dafür, ehrlich,
führ' ich im Gepäck.

Graviton

Es sitzt auf dem Erkenntnisthron
vor allen andern Kräften
das berühmte Graviton,
den Kosmos abzuheften.

Es hält und hält
und lässt nicht los,
und macht die Welt
so klein wie groß.

Doch diese Gleichung
und ihr Maß
sind auch der Ursprung
für den Fraß,

der an dem Quell
des Denkens zehrt
und ewig schnell
dem Zugriff wehrt,

zum Wissen noch,
die Illusion
ist endlich doch
ein Graviton

und nur Ersatz
für wahre Macht,
an deren Platz
das Weltall lacht.

Kriegskunst der Indianer?

Erstveröffentlicht in MARTIAL ARTS
Magazin für Kampfkunst und Philosophie
Nr. 5 (Februar/März 1985)
Nr. 6 (Juli 1985)
Nr. 9 (August/September 1988)

Unvereinbare Gegensätze

Indianische Existenzanschauungen versus
Lebensauffassungen östlicher und
westlicher Zivilisationen
Teil 1

Folgen der Begegnung zwischen der weißen Kultur
und der roten Urkultur
Teil 2

Kriegskunst der Indianer -
eine Erfindung der weißen Geschichtsschreibung
Teil 3

In den letzten Jahren ist im Zuge der Diskussion um die politisch korrekte Verwendung von Worten neben vielen anderen auch die Bezeichnung "Indianer" für die Ureinwohner Nordamerikas wegen unreflektierten kolonialen Sprachgebrauchs in die öffentliche Kritik geraten und die Frage aufgetaucht, ob es sich bei dieser um eine rassistische Diskriminierung handeln könnte.

Zu der nachfolgenden Abhandlung mit dem Titel "Kriegskunst der Indianer?" sei deshalb an dieser Stelle angemerkt, dass der Text erstmals in den 1980er Jahren publiziert wurde und dementsprechend den damaligen Sprachgepflogenheiten folgte. Zudem spricht die dargelegte engagierte Stellungnahme und Position den Autor von jeglichem Diskriminierungsvorwurf frei.

Dezember 2021, MA-Verlag

Unvereinbare Gegensätze

Indianische Existenzanschauungen versus Lebensauffassungen östlicher und westlicher Zivilisationen

Kriegskunst der Indianer? - Teil 1

Während ich in monatelangen Museumsstudien und Gesprächen mit Experten versucht habe, mir ein Bild über die Kriegskünste einiger nordamerikanischer Indianerstämme zu machen, stellte sich bald heraus, dass der Gegenstand meiner Fragestellung **Kriegs- oder Kampfkünste bei den Indianern** unaufspürbar bleiben würde. Die Gründe dafür, dass es Kriegs- oder Kampfkünste in diesem Sinne bei den Indianern nicht gibt oder gegeben hat, bieten jedoch einen reichhaltigen Stoff und ungeheuer interessante Anhaltspunkte, unser östliches oder westliches Verständnis von Kriegs- oder Kampfkünsten in einem neuen Licht zu kontrastieren. Die Frage nach den Kriegskünsten oder Kampfkünsten wurde so zum Instrument eines größeren Verständnisses der abgrundtiefen Unterschiede zu jener Indianerkultur, deren Schatten wir nur im Zusammenhang mit dem Zeitpunkt erkennen können, an dem es die ersten Berührungspunkte zwischen den indianischen Lebensformen und der westlichen Zivilisation gegeben hat. So kann ich bereits an dieser Stelle die Schlussfolgerung ziehen, dass Künste und Fähigkeiten, deren tieferer Sinn die Ausgestaltung sozialer Konkurrenz ist und die das Wetteifern zur Erreichung von Vorteilen und Privilegien fördern, die mit den entsprechenden gesellschaftlichen Bewertungen verbunden sind, eine degenerierte Form jener Fertigkeiten darstellen, deren Zielrichtung die unmittelbare Bewältigung von Schwierigkeiten, Gefahren und Nöten zum Nutzen einer menschlichen Gemeinschaft ist und deren Zweck und Sinn sich in der Bewältigung der jeweiligen Überlebensprobleme auflösen lassen.

Ihrer Lebensumgebung und Lebensform aus eigener Anschauung oder aus eigenem Anspruch Grenzen zu setzen oder, einfacher gesagt, der Natur und dem Leben Grenzen setzen zu wollen, wäre den Indianerkulturen ein absolut fremder Gedanke. So ist es schon von daher unmöglich, bei allen Ausdrucksformen gemeinschaftlichen oder individuellen Lebens indianischer Kultur, die nicht die mindeste Distanz zu dem, was wir als Natur oder Umwelt bezeichnen würden, kennt, von Künsten im herkömmlichen Sinne überhaupt zu sprechen. Selbstredend kann es nicht erstaunlich sein, vergeblich nach Kampf- und Kriegskünsten in diesen Kulturen zu forschen. Dies steht in keinem Widerspruch zu dem Umstand, dass es auch zwischen den Indianerstämmen Kriege und wahrscheinlich zum überwiegenden Teil Scharmützel gegeben hat. Es ist sogar zu vermuten, dass zu jener Zeit, als die Lebensräume und -verhältnisse der Indianer ihnen noch nicht die Reflexe in die Enge getriebener Kreaturen abzwangen, Streitigkeiten zwischen Stämmen und Gruppen nicht selten auf fast sportliche Weise ausgetragen wurden. Unter anderem soll damit zum Ausdruck gebracht werden, dass es eine im sprichwörtlichen Sinne galoppierende Entwicklung der Geschichte indianischer Kriege untereinander und gegen die weißen Eindringlinge gegeben hat, seit die westliche Zivilisation in der Gestalt der ersten Erkunder, Missionare, Soldaten und Händler dieses Rad verhängnisvoller Entwicklung in Bewegung brachte. Diese Geschichte weist eine traurige Innovation dessen auf, was in unserem Allgemeinverständnis als Kriegstechnologie im handwerklichen wie im strategischen und taktischen Sinn definiert wird.

Naturgemäß ist es auch für die Experten und Kenner der Geschichte nordamerikanischer Indianer schwer, mehr als den Schattenwurf oder die Erinnerung ursprünglicher Kultur in ihrer wahrscheinlich sehr verzerrten und durch die Interessen und die Gewalt unserer Zivilisation geprägten Sicht herauszufinden, da, wie schon erwähnt, das Leben der Indianer bereits durch die ersten Berührungen mit den abendländischen Eindringlingen unter einen Einfluss kam, dessen Dominanz bis zur gänzlichen Zerstörung dieser Kultur führte.

Die diplomatischen Versuche in der Literatur, die ersten Begegnungen mit den Spaniern (man könnte sie etwa um die Mitte des 16. Jahrhunderts ansiedeln), später mit den Holländern, Franzosen, Engländern und Schweden als freundliche Kontaktaufnahme zu interpretieren, lässt sich nur als jener Eigendünkel erklären, der die imperialen und ausbeuterischen Absichten unserer Zivilisation und aller ihrer Angehörigen, die davon geprägt sind, zu verbergen sucht. Immer wollten Glücksritter, Händler, Forscher, Missionare und Soldaten im Wesentlichen und mit Sicherheit Ergebnisse erzielen bzw. Erfolge haben (Reichtümer, wissenschaftliche oder gesellschaftliche Anerkennung etc.), die sich nur in der unverbrüchlichen Bindung an die abendländische Kultur realisieren ließen. Das hatte zwangsläufig zur Folge, dass nicht, wie immer wieder gern und oft unterstrichen wird, unbedingt die Neugier und der Wissensdrang die Menschen unserer Zivilisation über ihre geografischen Grenzen trieb, sondern die Aussicht auf Beute und Ruhm.

Wie viele Möglichkeiten es gab, sich in Verbindung mit dem Erforschen und Erobern bis dahin unberührter Gebiete gesellschaftliche Anerkennung und Vorteile zu verschaffen, und wie sehr das Spektrum wissenschaftlichen und geistigen Interesses in diesem Zusammenhang im Endeffekt den Verwaltungserfordernissen und -absichten der entsprechenden gesellschaftlichen Machtinteressen entsprach, weist - für jedermann nachprüfbar - die gesamte abendländische Kolonialgeschichte aus. Aus meiner Sicht ist es auf jeden Fall von allergrößter Wichtigkeit, diese Grundlagen konventioneller Betrachtung von der Seite abendländischer Kolonialgeschichte und -interessen zu begreifen, bevor ich mich daranmache, das vorliegende Material westlicher Forschung und Wissenschaft auf diesem Gebiet in angemessener Art und Weise zu benutzen und allergrößte Vorsicht und Skepsis walten zu lassen, unter diesen Verständnisvoraussetzungen mehr als Ahnungen und Vermutungen über die Kultur und die Fertigkeiten der Indianer zutage fördern zu können.

Angriff auf ein Pueblo

Einige Beispiele, die ich auszugsweise aus populärwissenschaftlichen Büchern zitieren möchten, geben in die Art der Geschichtsschreibung der ersten Begegnungen einen ausreichenden Einblick. Ich halte dies zum Vorverständnis für wichtig, damit ich mich bei der späteren Untersuchung nicht in konventionellen Klischees des "Sowohl-als-auch" verliere, zu der die normale wissenschaftliche Herangehensweise mit dem Anspruch auf scheinbare Sachlichkeit tendiert. Man kann die vielen Gründe, die hier aufzuführen wären, diesen Anspruch auf Sachlichkeit als Selbsttäuschung zu qualifizieren, zunächst einmal im Wesentlichen auf einen reduzieren: Völlig unbeachtet bei der positivistischen Geschichtsbetrachtung der Begegnung dieser beiden Kulturen bleibt immer die Tatsache, dass der weiße Mensch unaufgefordert, ungewünscht, ungefragt und ohne Rücksicht auf die vorhandenen Gegebenheiten seinen Fuß auf fremdes Land und auf einen fremden Lebensraum setzte. In keiner Weise wirft sich die Frage auf, ob nicht der Eindringling nur dann ein freundlicher Besucher gewesen wäre, wenn er sich vollständig der Kultur der Indianer unterworfen hätte. Immer wird diese Frage aus der gegenläufigen Richtung problematisiert.

Während der Regierungszeit Elizabeth I. segelte Sir Walter Raleigh im Jahre 1584 nach Nordamerika, nahm Besitz von der Roanoke-Insel und nannte das Land zu Ehren der Königin "Virginia". Im folgenden Jahr unternahm er eine zweite Reise, die wiederum zur Roanoke-Insel führte, wo er über 100 Männer und Frauen absetzte. Diese frühe Kolonie wurde aber bald wieder aufgegeben. Im Jahre 1587 landeten nochmals mehr als 100 Menschen unter Sir Walter Raleigh auf dieser Insel. Schon nach drei Jahren fand man von ihnen keine Spur mehr. Es ist wohl anzunehmen, dass sie unter den Indianern aufgegangen sind.

Die dauerhafte Besitznahme des neuen Kontinents nahm schließlich am 13.5.1607 ihren Anfang, als drei kleine englische Schiffe unter Christopher Newport in die Hampton Roads segelten. Den dortigen

Fluss nannte man zu Ehren des Königs "James-River". Außerdem gründete man Jamestown, die erste "Stadt" in Nordamerika. Gleich die erste Begegnung mit den Indianern verlief kriegerisch. Die Rothäute zogen sich bald wieder zurück, und nach kurzer Zeit besserten sich die Beziehungen der Weißen zu den Ureinwohnern. Wollte man überleben, musste man sich zwangsläufig mit den Indianern gut stellen [...] [1]

In romanhafter Form erzählt Hans Otto Meissner von ersten Begegnungen zwischen Indianern und Weißen:

Der Besuch von Radisson und Grosseillers war die erste Berührung der Sioux mit einer völlig fremden Welt, von der sie noch nicht die geringste Vorstellung hatten. Der Empfang im Lager der Prärie-Indianer ist über alle Maßen großartig. Fast fünftausend Menschen sind zusammengeströmt. Buntbemalte Zelte aus Büffelhaut und rauchende Lagerfeuer bedecken weithin die Steppe. Alle Krieger haben Festschmuck angelegt, auch die Frauen tragen geschmückte Kleider. Vierundzwanzig Häuptlinge treten Radisson und Grosseillers entgegen. Bis zum Boden hinab reichen ihre Schmuckfedern. Hundert Trommler begleiten ihren Aufzug, kunstfertige Geschenke aller Art werden vor den Weißen ausgebreitet, die Pierre und Jean-Baptiste mit Gegengeschenken erwidern. Dann beginnt ein gewaltiges Fest, die Sioux wollen ihren Gästen nach de-

---

[1] G. Schomaekers: "Der Wilde Westen", Echzell 1972, S. 19

ren langer Hungerzeit so recht beweisen, dass sie aus dem Vollen schöpfen. Mit Büffelleber und Büffelzunge beginnt das Festmahl. Es gibt Suppe aus Büffelblut und Büffelschwanz, es folgt Büffellende, und als Nachtisch wird zartes Mark aus Büffelknochen gereicht. Anderes Wildbret bieten die Sioux nicht. Sie leben fast nur von den Bisons, verstehen es aber ausgezeichnet, deren Fleisch in verschiedenen Arten zuzubereiten.

Mit Spielen und sportlichen Wettkämpfen unterhält man die Besucher. Der Sonnentanz wird den Gästen vorgeführt, Lieder erklingen und Reden werden gehalten, von denen die Weißen so gut wie nichts verstehen. Mitunter wirft Grosseillers eine Handvoll Pulver ins Feuer. Die zischende Stichflamme macht einen ungeheuren Eindruck auf die große Versammlung, ist sie doch sichtbarer Beweis der Macht des weißen Mannes.

Am nächsten Tage beginnen die Verhandlungen. Sie dauern sehr lange, weil man einen Dolmetscher braucht, und weil das Ansehen der Häuptlinge verlangt, dass jeder von ihnen zu Wort kommt. Obwohl sie alle ungefähr das Gleiche sagen, ist gerade diese Wiederholung von großer Bedeutung, denn sie beweist, dass im Rat der Häuptlinge darüber Einigkeit herrscht, ein Bündnis mit den Franzosen und den Crees zu schließen. Zur feierlichen Bekräftigung des Vertrages wandert das Kalumet, die Friedenspfeife der Indianer, von Mund zu Mund. Zum Abschluss werden noch Wampungürtel ausgetauscht. Sie gelten nach indianischer Sitte als der höchste Beweis friedlicher Gesinnung. Zu Ende ist die Erbfeindschaft zwischen

Crees und Sioux. Für alle Zeiten soll damit das Kriegsbeil begraben sein. Und noch mehr geschieht, das Volk der Prärieindianer erkennt den "Großen Vater in Frankreich" als seinen Schutzherrn an und gelobt ihm ein ewiges Bündnis. Selbstverständlich in der Erwartung, dass man in Zukunft von den französischen Händlern mit allen nützlichen Dingen der Weißen beliefert wird. Mit diesem Friedensvertrag haben Radisson und Grosseillers weit mehr erreicht, als sie je erhofften. Vom Ober-See bis in das Grasland der Prärie wurde Frieden zwischen den Stämmen geschlossen und damit der Weg für alle Händler geöffnet, die in den kommenden Jahrzehnten in den Fernen Westen ziehen. Die beiden Forscher-Händler haben für Kanada ein Reich gewonnen, das alle bisherigen Größenvorstellungen übertrifft. Um tausend Kilometer wurde die Grenze der Kolonie nach Westen verlegt. So getreu haben sich im folgenden Jahrhundert die Sioux an das Bündnis gehalten, dass sie den Franzosen auch in dem langen Krieg gegen die Engländer beistanden, ja den aussichtslosen Kampf für den "Großen Vater" auf eigene Faust noch viele Jahre fortsetzten, nachdem die französischen Truppen in Kanada längst geschlagen waren und das Land verlassen hatten.[2]

Und im großen "Indianerlexikon" lesen wir unter dem Stichwort "Cheyenne":

---

[2] Hans-Otto Meissner: "Im Alleingang zum Mississippi", Stuttgart, S. 187

Die Cheyenne verstanden sich recht gut mit den ersten Trappern, Cowboys und Siedlern, die lediglich ihr großes Gebiet in der Mitte des Präriegürtels zwischen den Rocky Mountains und dem Missouri durchquerten und ihnen für ihr wohlwollendes Verhalten "Wegezoll" entrichteten, indem sie ihnen Geschenke machten und ein paar Rinder überließen. Als aber Soldaten ins Land strömten und mit dem Bau von Forts begannen, Eisenbahnlinien durch ihre Jagdgründe gelegt wurden, Büffeljäger die Bisonherden abschlachteten, Viehzüchter das Weideland in Wyoming, Nebraska, Kansas und Colorado für sich beanspruchten und Goldgräber wie Maulwürfe den Boden nach dem gelben Metall durchpflügten, setzten sich die "Ritter des Grasmeeres" - so nannte man die wilden und stolzen Cheyenne - aufs Energischste zur Wehr. Sie verpassten aber die Gelegenheit, die Eisenbahnlinien systematisch zu zerstören, wodurch sie die Büffelhatz der Weißen abgebremst und eine große Anzahl von US-Truppen gebunden hätten.

Einmal gelang ihnen zwar das Bravourstück, das "eiserne Pferd" der Union Pacific zum Entgleisen zu bringen. Es blieb aber nur bei diesem Einzelfall. Bei den harten und blutigen Auseinandersetzungen mit den Weißen verloren sie auf die Dauer so viele Krieger, dass sie in ihrem Freiheitskampf aufstecken mussten.[3]

---

[3] René Oth: "Das große Indianerlexikon", Würzburg 1979, S. 27 f.

Kulturaustausch

Im nächsten Teil dieser Serie werfe ich einen Blick auf die vermuteten Motive und Gründe für Streitigkeiten, Scharmützel und Kriege in der Vorgeschichte der Begegnung zwischen Indianern und Weißen und ganz besonders auf die Entwicklung oder, genauer gesagt, Weiterentwicklung der Indianerkämpfe untereinander und gegen die Weißen in Verbindung mit der Zwangslage ihrer kolonialen Unterwerfung und der Konfrontation mit neuen Mitteln und Wegen für ihre Lebensgestaltung am Beispiel der Pferde.

Literatur

1) "Anthropological Paper of the American Museum of Natural History", Vol. VIII - 1911

2) Amos Bad Heart Bull and Helen H. Blish: "A Pictographic History of the Oglala Sioux"

3) Dee Brown: "Begrabt mein Herz an der Biegung des Flusses", München-Zürich 1974

4) Christopher Davis: "Die Prärieindianer", Rastatt 1978

5) John Fire Lame Deer und Richard Erdoes: "Tahca Ushte - Medizinmann der Sioux"

6) Georg A. Dorsey: "The Cheyenne", Chicago 1905

7) Evelyn Eaton: "Ich sende eine Stimme", Frankfurt 1980

8) George Bird Grinnell: "The Fighting Cheyenne", Norman 1956

9) George Bird Grinnell: "The Cheyenne Indians", New York 1962

10) Horatio Hale (Hrsg.): "The Iroquois Book of Rites", Toronto 1965

11) John D. Hunter: "Manners and Customs of Several Indian Tribes"

12) Robert H. Lowie: "Indians of the Plains"

13) Hans-Otto Meissner: "Ich fand kein Gold in Arizona", Stuttgart

14) Hans-Otto Meissner: "Im Alleingang zum Mississippi", Stuttgart

15) Hans-Otto Meissner: "Louisiana für meinen König", Stuttgart

16) T.C. McLuhan: "Touch the Earth", New York 1971

17) Minnie Myrtle: "The Iroquois", New York 1855

18) Otis Tufton Mason: "North American Bows, Arrows and Quivers", Washington 1894

19) René Oth: "Das große Indianerlexikon", Würzburg 1979

20) James E. Seaver: "Niederschrift der Lebensgeschichte der Mary Jemison", Basel-Frankfurt 1979

21) Ernest Thompson Seton: "Das Manifest des Roten Mannes", Waldeck-Santa Fe 1985

22) John Stands, in: "Tember and Liberty, Memories of Cheyenne", 1967

23) Geoffrey Turner: "Indianer", Hanau 1983

24) Stanley Vestal: "Sitting Bull", New York 1935

25) Frances E. Watkins: "The Navaho", 1943

26) Werner J. Egli: "Im Sommer, als der Büffel starb", 1974

27) Adolf Hungry Wolf: "The Good Medicine Book", New York 1973

Treffen

Heiße Treffen in der Nacht
haben mich stets wach gehalten,
wenn der Ursprungswahnsinn lacht,
und ich tanze mit den Alten.

Rotmütz'

Mit seinen tausend Füßen
lief 's kleine Volk einst fort
doch so als müsst' er büßen,
blieb einer noch vor Ort.

Das kleine Volk war mächtig
und half, wo es nur ging,
den Menschen ging es prächtig,
bis sich ihr Stolz verfing.

Der eine, der verblieben
und furchtbar traurig war,
erdachte sich die sieben
zu einer Zwergenschar.

Als Märchen und als Sage
war er sehr gut geschützt
und hat dann ohne Frage
der Menschheit fortgenützt.

Die konnten nicht auf Dauer
mit seiner Weisheit leben,
gebärdeten sich schlauer,
nach Höherem zu streben.

So gingen sie verloren,
die Sagen und die Lieder,
die Zukunft ward geboren
und ließ sich langsam nieder.

Wir wissen das wohl heute,
als topmodern und aufgeklärt
kennt niemand kleine Leute,
die er noch schätzen kann und ehrt.

Die Wissenschaft herrscht richtig
aus menschlichem Verstande,
doch Wissen selbst wird nichtig
und gilt nicht mal am Rande.

In Regalen und Gesetzen
lässt sich doch kein Leben erben,
beim Beschleunigen und Hetzen
lässt's sich aber besser sterben.

Der Fortschritt, er wird schneller
und schaufelt sich sein Grab,
das Feuer frisst sich heller,
doch drumrum dunkelt's ab.

Das Werk und Mensch zusammen
sind dann auch bald verbrannt,
mit ihren eig'nen Flammen
ins Nirgendwo verbannt.

Und wenn die letzte Stütze
in sich zusammenfällt,
schleicht sich mit roter Mütze
das Männchen aus der Welt.

Folgen der Begegnung zwischen der weißen Kultur und der roten Urkultur

Kriegskunst der Indianer? - Teil 2

Eine **Kriegskunst** konnten die Indianer in der kurzen Zeit ihrer tragischen Begegnungen mit der weißen Zivilisation definitiv nicht erreichen. Ich will in Verbindung mit diesem Artikel etwas später näher darauf eingehen, dass der Begriff der **Kriegskunst** wesentlich an einen bestimmten Status zivilisatorischer Entwicklung gebunden ist. Die in Asien und im Abendland bekannten Kulturen derartiger **Künste** weisen gleichermaßen den Stand hochentwickelter und -organisierter Gewaltverhältnisse zwischen den staatenbildenden Zivilisationen einerseits und die Realitätsferne des Individuums zur Gewalt schlechthin andererseits aus. Das lässt sich im nächsten Teil dieser Abhandlung gerade durch den Umstand, dass wir es in der vorkolonialen Geschichte der Indianer mit ursprünglicheren Formen des Zusammenlebens als denen der Zivilisation zu tun haben, leicht verständlich machen. Um uns jedoch dem Feld vorkolonialer Geschichts- und Überlieferungsspekulation auf verständige Weise annähern zu können, müssen wir zunächst einmal den Teil der Geschichte ins Auge fassen, der mit der Begegnung zwischen der weißen Kultur und der roten Urkultur beginnt.

Um den zahlreichen Verfremdungen und eigennützigen Interpretationen auf die Spur zu kommen, die mit Sicherheit einen großen Teil jener Inhalte ausmachen, welche sich heute als die den Überlieferungen und der weißen Geschichtsschreibung abgelauschte sogenannte 'Indianergeschichte' präsentieren, komme ich um ein Aufgreifen dieses den Weißen gefälligen Geschichtsverständnisses nicht herum. Unabhängig von dem nachträglich diktierten und selbstverständlich viel zu späten Entschuldigungsversuch für die von der abendländischen Zivilisation verursachten Katastrophen bei den Indianern bleibt in dieser Hinsicht die weiße Geschichtsschreibung eine Rechtfertigung ihres imperialistischen Strebens. Darüber hinaus verdrängt diese Betrachtungsweise das tiefe Unverständnis gegenüber Lebensweisen, in denen andere Werte galten als die in den Zivilisationen typischen mit ihren von der ursprünglichen Lebensnähe säkularisierten und formalisierten **Künsten** und Wissenschaften.

Ich werde mich also am Beispiel der sogenannten **Kriegskunst**, die bei den Indianern a priori nicht anzutreffen ist, zielstrebig auf eine Aussage zubewegen, die - immer orientiert an dem Thema **Kriegskunst** oder **Kampfkunst** - zu beweisen vermag, dass das Wirklichkeits- und Lebensverständnis, das sich über unseren Begriff von Kunst, Kultur und Wissenschaft vermittelt, demjenigen der vorkolonialen Indianerauffassungen gegenüber eine Infektion und destruktive Realitätsverkennung ist.

Legt man - wie es allgemein üblich ist - unsere ethnokartographischen Unterscheidungskriterien zugrunde, so können wir uns nach dem Stand der letzten Forschung in etwa ein Bild machen, welche Lebensformen der Indianer sich namentlich über welche Gebiete des Kontinents verteilt haben. Zu diesem Zweck ist es am Anschaulichsten, eine Karte mit nachfolgender Begriffserklärung zu benutzen. Zur bildlichen Vereinfachung wurden Symbole für Jäger, Sammler, Ackerbauern und Fischer, für Nomaden und Siedler eingezeichnet (siehe S. 160/161).

Die Informationen über die Zusammensetzung der vermutlich zahlreichen nordamerikanischen Indianerstämme, von denen uns heute nur noch ca. 49 bekannt sind, wurden erst sehr spät systematisch aufgearbeitet und vervollständigt. So ergibt sich selbstverständlich nur ein grober Eindruck, wie sich die Population und Lebensstruktur der unterschiedlichen Stämme vor der Kulturkonfrontation verteilt haben. Wenn man sich dieses ungefähre Bild vor Augen hält, lassen sich die entsprechenden historischen Verwicklungen seit 1513 - zumindest aus meiner Perspektive - recht genau nachzeichnen.

Auch die Widersprüche und entgegengesetzten Interessen der verschiedenen europäischen Kolonialmächte tragen ihren Teil zu dem spezifischen Ablauf der Indianerkriege gegeneinander und gegen die abendländischen Siedlungs- und Aneignungsbemühungen bei, die in ihrem Ausmaß und ihrer Qualität für die Indianer neue Dimensionen des Krieges und des Elends schufen. Die ersten Berührungen mit europäischen Kolonialmächten waren nach allgemeiner

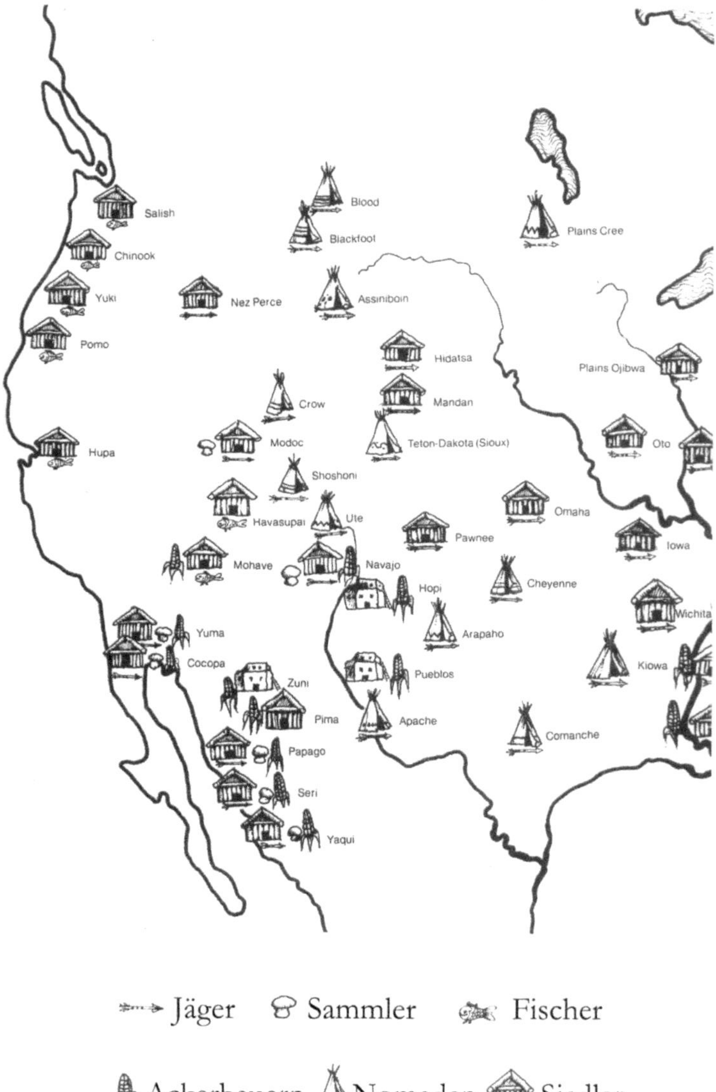
Salish
Chinook
Yuki
Pomo
Hupa
Nez Perce
Blood
Blackfoot
Assiniboin
Plains Cree
Hidatsa
Mandan
Plains Ojibwa
Crow
Modoc
Teton-Dakota (Sioux)
Oto
Shoshoni
Havasupai
Ute
Omaha
Pawnee
Iowa
Mohave
Navajo
Hopi
Cheyenne
Wichita
Yuma
Arapaho
Cocopa
Zuni
Pueblos
Kiowa
Pima
Apache
Comanche
Papago
Seri
Yaqui
Jäger
Sammler
Fischer
Ackerbauern
Nomaden
Siedler

Aus Gründen der Übersichtlichkeit beschränkt sich die Karte über die Populationsverteilung auf diejenigen Stämme, die zur Zeit der Besiedlung durch die Europäer noch existierten. Eine mindestens ebenso große Anzahl von Stämmen, die uns durch Überlieferungen bekannt sind und bereits ausgestorben waren, wird in dieser Darstellung nicht berücksichtigt.

Auffassung die mit den Spaniern um 1513. Mit Ausnahme des im ersten Kapitel geschilderten Siedlungsversuches von Sir Walter Raleigh auf der Insel Roanoke 1584, betraten die Franzosen um 1609 und die Engländer ca. 1620 doch eine recht lange Zeit später mit ihren Ansprüchen den neuen Kontinent. Wie überall auf der Welt, leiteten die Kolonialmächte ihre Aneignungsfeldzüge zunächst einmal nach dem gewohnten Muster ein: Die ersten Kontakte fanden über Abenteurer, Kundschafter und Pelzjäger statt. Darauf etablierten sich Handels- und christliche Missionen mit ihren Versprechungen, denen bald Militär und Siedler, Siedler und Militär folgten. So entstanden die zu erwartenden Konflikte zwischen den verschiedenen Kolonialmächten Europas auf diesem Kontinent erst langsam und zögernd. Mit Vorbedacht wurden ja auch von jeder Macht geografisch Lande- und Stützpunkte gesucht, die jeweils zu anderen eine entsprechende Distanz aufwiesen. Zu den sich schnell weiterentwickelnden Reibungsflächen zwischen Engländern und Franzosen kam es dann seit dem Ende des 17. Jahrhunderts. Sie eskalierten im großen Französisch-Englischen Indianerkrieg (French and Indian War) von 1754-1763, der allerdings durch den Siebenjährigen Krieg in Europa entschieden wurde, für Frankreich verloren ging und die Abtretung der französischen Gebiete in Nordamerika an die Engländer erzwang. Natürlich rekrutierten beide Seiten ihnen wohlgesonnene oder von ihnen unterworfene Indianerstämme in dem auf dem Kontinent erbittert geführten Krieg und es entstanden - bedingt durch Lebensumstände und geografische Verhältnisse - auch bis dahin unbekannte Qualitäten und Ausmaße von Grausamkeit und Verbissenheit.

Heute besteht für niemanden mehr ein Zweifel daran, dass die lange Zeit den Indianern zugeschriebenen spezifischen Grausamkeiten und exzessiven Barbareien u.a. und insbesondere in dieser Zeit von den Weißen eingeführt oder zumindest induziert wurden. Als das populärste und wohl am meisten strapazierte Beispiel indianischer Wildheit wurde in der westlichen Welt bis zur Aufklärung der tatsächlichen Verhältnisse das Skalpieren angesehen. In etwa könnte sich das tatsächliche Geschehen dieser offensichtlich zeitweise massiv verbreiteten Sitte, das Haupthaar und die Kopfhaut vom gefangenen oder getöteten Gegner zu lösen, so ereignet haben, wie es die beiden Zitate aus "Niederschrift der Lebensgeschichte der Mary Jemison", Frankfurt 1979 und "Das große Indianerlexikon", Würzburg 1979, in der Reihenfolge wiedergeben:

"Es steht fest, dass die Kriege von Naturvölkern untereinander zwar sehr häufig, im Allgemeinen aber wenig verlustreich sind. Noch im 18. Jahrhundert sind in den Waldgegenden des Ostens starke Abteilungen genügsam, aber nicht minder laut triumphierend, mit einem einzigen Skalp nach Hause gekommen, wo sie bei einer energischen Verfolgung den Gegner hätten vernichten können. [...] Feuerwaffen und eiserne Messer haben dem Skalpieren in Nordamerika einen gewaltigen Aufschwung gegeben, aber zur vollsten Blüte haben es erst die Skalpprämien gebracht, die Verwen-

dung von Indianern durch die Weißen und das Skalpieren durch die Weißen selbst. [...] So haben also die Engländer zuerst Skalpprämien in Amerika angewendet, während sie die Franzosen zuerst auf ihre weißen Nachbarn ausgedehnt haben. Die höchsten Preise haben stets die Engländer bezahlt. Diese Tatsache kann aber nicht etwa den Franzosen zugutegerechnet werden: an dem besten Willen und der ernsten Absicht, es den Engländern in der Höhe der Skalpprämien gleich zu tun, hat es ihnen nie gefehlt, nur die Leere der Kassen, die in der Kolonie Kanada chronisch war, verhinderte die Ausführung solcher Absichten.

Im letzten großen Krieg zwischen England und Frankreich um die Oberherrschaft in Nordamerika wurde mit Skalpgeldern nicht gespart. Die Kanadier bezahlten 60 bis 100 Livres, und in den englischen Kolonien wurden so reichlich Prämien gewährt, dass 'Menschenjagd eine einträgliche Beschäftigung ausgemacht hätte, wäre das Wild nur nicht so scheu und behend gewesen'. Dieser angesichts der hohen Preise fatale Umstand lehrte den schlauen Rothäuten und den gesetzlosen Hinterwäldlern und Jägern, ihren gelehrigen Schülern, bald die Kunst, aus einem Skalp in geschickter Weise deren zwei, drei oder gar mehr zu machen und auch an den Mann zu bringen. Auch nahm man es nicht immer genau, wo der Skalp herkam, denn eine französische Kopfhaut war von einer englischen schwer oder gar nicht zu unterscheiden.

Auch Pennsylvanien blieb den friedliebenden Grundsätzen seines Gründers nicht treu, denn am 7. Juli

1764 setzte Gouverneur Penn folgende Prämien aus: für jeden gefangenen männlichen Indianer im Alter von mehr als 10 Jahren 150 Dollar, für jeden Skalp eines getöteten Indianers 134 Dollar, für jede gefangene feindliche Squaw oder Knaben unter 10 Jahren 130 Dollar, für jeden Skalp einer getöteten Squaw 50 Dollar.

Diese Zahlen sind hochinteressant und reden eine eigenartige Sprache; man beachte besonders das geringe Mehr für einen gefangenen Indianer gegenüber einem Skalp, das nie und nimmer im Verhältnis steht zu den Mühen und Gefahren, die bei den immer eiligen Rückzügen das lästige und aufhaltende Mitschleppen von Gefangenen mit sich brachte."
(Friederici, 1906, S. 37 ff.) [1]

Wie oft wiederholte sich wohl im Wilden Westen das grausige Schauspiel, dass ein wilder Krieger seine Streitaxt in den Schädel des Gegners hieb, rings um den Kopf über den Ohren mit dem Messer einen kreisförmigen Schnitt anbrachte, den Rand der Kopfhaut auf der einen Seite freilegte, die Haarplatte mit den Zähnen losriss und den bluttriefenden Skalp triumphierend hochhielt!

Dieses "kunstgerecht" ausgeführte Skalpieren, d.h. das Abziehen der Schädeldecke des getöteten oder auch nur niedergeschlagenen Feindes, war ursprünglich nicht

---

[1] James E. Seaver: "Niederschrift der Lebensgeschichte der Mary Jemison", Stroemfeld/Roter Stern, 1. Aufl. 1979, S. 40-41

über ganz Nordamerika verbreitet. Es war auch keine typische Gewohnheit der Neuen Welt, denn schon der griechische Geschichtsschreiber Herodot (um 485 bis um 425 v. Chr.) beschrieb sie in allen Einzelheiten bei den im Schwarzmeergebiet siedelnden Skythen, die nicht viel anders als die Ureinwohner Nordamerikas die Kopfhaut ablösten: [...]

Die barbarische Sitte war wahrscheinlich in voreuropäischer Zeit bei den Muskhogee sprechenden, sesshaften und maisbautreibenden Indianerstämmen des Südostens als eine religiöse Zeremonie entstanden, die auf den blutigen Xipe-Kult der Azteken zurückging. Der Gott des Menschenschindens, Xipe Totec, stand im alten Mexiko im Mittelpunkt eines großen Festes, mit dem Menschenopfer besonderer Art verbunden waren. [...] [2]

Die Getöteten wurden gehäutet.

Dadurch, dass die Indianer des Südostens dieses Häutungszeremoniell in abgeänderter Form übernahmen und nur auf die Kopfhaut bezogen, machten sie aus der Erbeutung des Skalps eine Abart der Hauttrophäe, deren Hauptverbreitungsgebiet in Amerika zwischen Peru und Mexiko lag. Als die Sitte des Skalpierens dann nach und nach im ganzen Nordamerikanischen Kontinent Einzug hielt, hatte sie sich längst von ihren religiösen Bindungen des Ursprungs losgelöst. Ohne die von Briten und Franzosen ausgesetzten Skalpprämien,

---

[2] René Oth: "Das große Indianerlexikon", Würzburg 1979

mit denen die Indianer während der Grenzkriege der europäischen Kolonialmächte gegeneinander gehetzt wurden, und ohne die eisernen Messer der Weißen, die gegenüber den alten Stein- und Muschelklingen das "Abdecken" der Kopfhaut erleichterten, hätte sich dieser Brauch nicht in dem Maße durchsetzen können. Das Skalpieren tauchte 1535 erstmals bei den Huronen auf, wurde dann von den Irokesen aufgegriffen und gelangte bis zu den Sioux-Stämmen der großen Ebenen.

Zeitgenössische Darstellung des Skalpierens in einer Karikatur des Künstlers William Charles (1776-1820), Philadelphia,1812:
"A scene on the frontiers as practiced by the 'humane' British and their 'worthy' allies"
(Kriegsszene, die das Vorgehen der "humanen" Briten und ihrer "ehrenwerten" Verbündeten zeigt)
Quelle: The Library of Congress, Washington

Auch viele Bleichgesichter beteiligten sich an dieser unmenschlichen Gepflogenheit, um an den Skalpprämien kräftig mitzuverdienen. Dass dabei auch "weiße" Kopfhäute als Indianerskalpe feilgeboten wurden, liegt auf der Hand. Zahlreiche Verbrecher skalpierten wegen der hohen "Kopfgelder" jeden, der das Unglück hatte, ihnen unters Messer zu laufen. Nur selten überlebte ein Skalpierter den Verlust seiner Kopfhaut. Durch den großen Blutverlust hatte die grausame Tortur meistens einen tödlichen Ausgang.[3]

Kurz gefasst kann hier festgestellt werden, dass die Einführung einer Bezahlung für Skalps durch die Weißen zum Zwecke der Dezimierung der jeweiligen gegnerischen Kolonialmacht oder feindlicher Indianerstämme und die Einführung von Metallwaffen, insbesondere des Messers, durch die Kolonialherren die entscheidenden Gründe für diesen Auswuchs menschlicher Grausamkeit waren.

Um sich das Ausmaß der Katastrophe für die zumeist für europäische Verhältnisse kleinen Jagd-, Fisch-, Ackerbau- und Siedlungsgemeinschaften besser zu veranschaulichen, stelle ich die Vertreibung der meisten Stämme aus ihren ursprünglichen Lebensbereichen und Heimatgegenden in ihnen fremde und oft schon besiedelte Gegenden dieses Kontinents dar.

Auch dieser Umstand brachte selbstverständlich gravierende und explosive Veränderungen in die Lebens-

---

[3] René Oth: "Das große Indianerlexikon", Würzburg 1979

verhältnisse, insbesondere aber in die relativ über- schaubaren Beziehungen zwischen den unterschiedlichen Indianerstämmen. Das Zusammendrängen und Überwerfen vieler Indianerstämme in Lebens- und Nutzungsräume anderer indianischer Gemeinschaften schuf eine Atmosphäre der Feindseligkeit und Grausamkeit, wie sie bei dem Aufeinandertreffen so unterschiedlicher Lebensformen und -auffassungen und dem Zwang, sich immer knapper werdende Nutzungsressourcen mit immer mehr Konkurrenten teilen zu müssen, unvermeidbar wird.

Die gesamte Entwicklung überraschte die Indianer und galoppierte im sprichwörtlichen Sinne über sie hinweg. Denn auch die Einführung des Pferdes als Nutztier muss hier als ein wichtiger Faktor für die verändernden und kulturzersetzenden Prozesse in Betracht gezogen werden. Das Pferd bot im Zusammenhang mit dem wachsenden Druck durch die Weißen geradezu den Ausweg an, den Jagd- und Raubradius ebenso wie die Fluchtbeweglichkeit zu vergrößern. Nicht selten waren anfänglich deshalb auch Stammesfehden, Kämpfe und Scharmützel durch gegenseitigen Pferderaub motiviert, um den Einfluss des eigenen Stammes und seine Überlebensmöglichkeit durch den jeweiligen Zuwachs an Pferdebeständen zu sichern. Wie bereits zu Beginn erwähnt, blieben den Indianern angesichts derart chaotischer Geschwindigkeiten, mit denen ihre oft jahrtausendealten Lebensgewohnheiten und -sicherheiten erschüttert wurden, gar kein Raum und auch gar keine Zeit, etwas den **Kriegskünsten** und **-techniken** Vergleichbares zu entwickeln. Offensichtlich gab es in ihren ursprünglichen Lebensauffassungen und Weltanschauungen, die der praktischen Wirklichkeit von Jagd und überlebensfähigem Umgang mit den Naturkräften zugewendet waren, auch keinerlei Voraussetzungen dafür.

Will man allerdings der Geschichte der Jagdtechnik und ihrer Werkzeuge bzw. Waffen und der Handwerks-technologie der Indianer schlechthin auf die Spur kommen, so stösst man auch hier auf das Problem, nachkoloniale Entwicklungen von denen ursprünglicher Methoden und Techniken zu unterscheiden. Zumindest aber wären die Bereiche Jagd und Ackerbau einschließlich aller damit verbundenen kulturellen und handwerklichen Hintergründe der einzige Anhaltspunkt, um etwas über Denkweisen der Indianer zu erfahren, was entfernt unseren Künsten und Wissenschaften vergleichbar wäre. Nach dem Stand meines Wissens allerdings sehe ich die Vergleichbarkeit ab dem Zeitpunkt, wo ich mich in die vorkoloniale Phase indianischer Denk- und Lebenspraktiken hineinzuversetzen versuchen, bereits gänzlich verschwinden.

Ausgerichtet an der Frage der **Kriegskunst**, wie wir sie in Ost und West zum festen Bestandteil unseres Kulturgutes zählen und der Tatsache, dass es **Kriegskunst** bei den Indianern als solche nie gegeben hat, werde ich im nächsten Teil eventuell im Verstehen einen Schritt weiterkommen können, wenn es mir gelingt, die unvereinbaren Gegensätze indianischer Existenzanschauungen in ihrem für uns vorgeschichtlichen Charakter und die Lebensauffassungen östlicher und westlicher Zivilisationen gegeneinander zu stellen.

Die Schwierigkeit, mit Hilfe der bekannt gewordenen Überlieferungen und Geschichten, die in der vorkolonialen Phase der Indianergeschichte anzusiedeln wären, Wesentliches über jene Zeit und jenes Denken herauszufinden, wird insbesondere darin bestehen, dass die Überlieferungen bereits durch ihren Adressaten definiert sind.

Die leeren Flächen der Karte Nordamerikas zeigen die von Weißen eroberten Gebiete.

Die schraffierte Fläche stellt die Gebiete dar, in die sämtliche Indianerstämme des Kontinents gedrängt und vertrieben wurden.

Dummy

Ich hab' ein schönes Spiel für jeden,
der nicht gern mit mir sprechen mag,
er kann mit meiner Puppe reden,
bis dass ich ihn statt ihrer trag'.

Hirsekorn

Die Asche im Staub
auf endloser Strecke
bleibt reglos und taub
als Wüstensanddecke.

Die grollende Ferne
lässt Sandkörner beben,
als wären sie gerne
Ersatz für das Leben,
das überall fehlt.
Wo man es auch sucht,
nur Stille, die quält,
und himmelweit Flucht.

Und gäbe es Augen
und Hirn zu versteh'n,
sie würden nicht taugen,
was immer zu seh'n.

Auch nicht die Zehen
vom menschlichen Fuß
als zeitloses Lehen
am lang toten Fluss
als letzter Maßstab
aus alter Welt
in ihrem Fraßgrab,
das nicht zerfällt.

Hitze für immer,
lichtgrell und kalt,
trocken und schlimmer
wird nichts mehr alt.

Nur ein Hirsekorn,
zu Stein konserviert,
liegt in der Zeit vorn,
wenn noch was passiert.

Kriegskunst der Indianer - eine Erfindung der weißen Geschichtsschreibung

Kriegskunst der Indianer? - Teil 3

Wolf-Krieger, Coyote-Krieger und Hunde-Krieger

Wenn man die gravierenden Veränderungen, von denen das Gruppen-, Clan- und Stammesleben zumeist halb nomadisierender oder auch sesshafter Indianer getroffen wurde, unterschlägt, dann lässt sich das zur Zeit der Kolonisation beliebte Schreckensbild des aggressiven Wilden, dessen Hauptinteresse und Geschicklichkeit im Morden und Töten bestand, leicht erklären. Gerne hat man die wirkliche Lebensweise der Indianer hinter die Fassade des stolzen, unnahbaren und mit seinem Leben dem Kampf verpflichteten indianischen Kriegers verdrängt. Nur so war es möglich, sich mit gutem Gewissen im Nachherein die Zerstörung der im Wesentlichen mit Jagd und Nahrungsanbau befassten Kleinkulturen und Lebensgemeinschaften erklärlich zu machen.

Dass die Entstehung von Kriegergesellschaften der Indianer ein Produkt hemmungslosen Landraubes und tödlicher Verfolgungssucht der weißen Siedler war, die die Stämme in die Zwangslage engsten Zusammenlebens in den bis dahin kaum besiedelten Prärien und damit auf für sie fremden und unergiebigen Boden brachte, ist seitens der früh- und spätkolonialistischen Anthropologie nie angemessen gewürdigt worden. Berücksichtigt man die Errungenschaften des Zusammenpralls beider Welten für die Indianer - Pferde, Feuerwasser und in geringem Ausmaß auch Werkzeuge und Schusswaffen -, so waren ganz besonders die Pferde gleichzeitig auch schon ein Mittel der Not. Sie wurden eingesetzt, die grausamen Folgen großer Fluchtbewegungen und den Verlust der sicheren Umgebung, vertrauter Jagdreviere und Anbauflächen, geringfügig zu lindern, waren aber sicherlich alles andere als ein Ersatz für die Überlebenssicherheit, den Frieden und den natürlichen Reichtum, den die Indianer für immer zurücklassen mussten.

Für die Weißen vom Anfang des neunzehnten Jahrhunderts war die Existenz des Prärie-Indianer eine Überraschung. Die Spanier waren ihrer nie ansichtig geworden, und zwar aus gutem Grund. Es gab die Prärie-Indianer nämlich erst seit nicht ganz hundert

Bogensehnen-Krieger, Roter Schild-Krieger und Huf-Rassel-Krieger

Jahren. Sie waren ein Volk, das sein Dasein buchstäblich dem Pferd verdankte, einem Tier, das es in Nordamerika früher nicht gab.

Der Conquistador Cortez, der 1519 in Amerika landete, brachte zehn Hengste und sechs Stuten mit. Die Pueblos, die Shoshonen und andere Indianerstämme des Südwestens waren verblüfft von den "Riesenhunden"; es waren, mit Ausnahme der Bären und Büffel, die größten Tiere, die sie je gesehen hatten. Die Spanier achteten streng darauf, dass die Eingeborenen nicht in die Nähe der Pferdekoppeln kamen, aber die Kunde von diesen fremdartigen Tieren verbreitete sich mit Windeseile. Die Ebenen waren damals ebenso leer wie weit, das Grasmeer war ebenso unüberwindlich wie ein Wassermeer. Die Indianer wagten sich nur selten hin-

ein; sie zogen es vor, sesshaft zu leben, Mais anzubauen, Fische zu fangen und gelegentlich am Rand der Ebene Büffel zu jagen. Das Pferd änderte das für alle Zeiten.

1640 erhoben sich die Pueblos gegen die Spanier, töteten viele von ihnen und setzten in den Prärien mehrere tausend Pferde frei. Bei nachfolgenden Revolten, die zum größten Teil fehlschlugen, gelangten weitere tausende Pferde in die Prärie. Sie bildeten wilde Herden, welche von den Spaniern "mestenos" genannt wurden - daraus wurde später das anglisierte Wort "Mustang". Die Wirkung, die diese Tiere auf die furchtsamen Indianer ausübten, war unglaublich. Mit dem Pferd als unermüdlichem Reittier wurde das Grasmeer so passierbar wie eine Straße. Von Norden, Osten und Süden schwärmten Indianer aus dem Waldland hervor und fegten über die Ebene wie separate, kollidierende Hurrikane. Alte Stämme verschwanden, verschmolzen mit anderen oder formierten sich neu.[1]

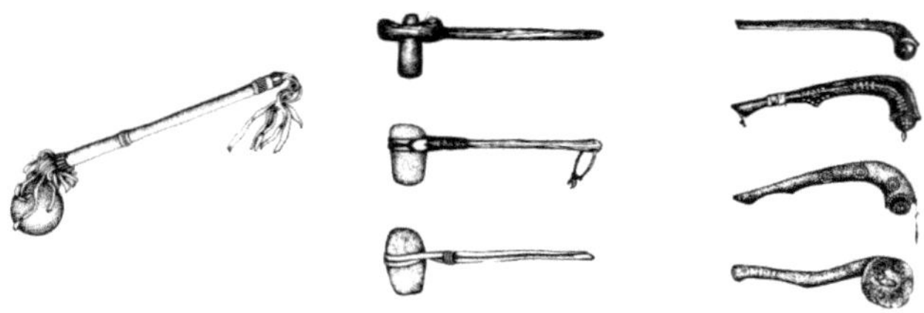

von links nach rechts:
Kriegskeule, Steinäxte aus verschiedenen Gegenden und Tomahawks (Holz) verschiedener Stämme

[1] Thomas Page: "Geheimnisvolle Indianer", München, Berlin 1979, S. 66 ff.

Die Jagdgewohnheiten und -techniken der Indianer, die vor der Zeit der Pferde ein fester Teil ihres Lebens waren, unterschieden sich schon aufgrund der geringeren Reichweite wesentlich von derjenigen, die - durch die bereits beschriebene Veränderung aufgezwungen - uns Abendländern meist als indianertypisch missverstandene Jagdmethode zu Pferde aufgedrängt wird. Es hat nichts Rätselhaftes, wenn als soziale Folge Clans und kleine Lebensgemeinschaften - vor dem Hintergrund des Verlustes von Nahrungsressourcen und sicheren Überlebenstechnologien, die nicht nur an eine bestimmte Lebensweise, sondern auch an eine bestimmte Umgebung gebunden waren - dann zu ihnen vormals völlig fremden Strukturen und Orientierungsmustern greifen mussten, welche die als Stammesgesellschaft zu bezeichnende Zwangslage behelfsweise zu ordnen und organisieren vermochten. Dazu gehört u.a. auch die Entstehung von sogenannten Kriegergesellschaften.[2]

Man könnte sagen, dass halt- und wurzellos gewordene Individuen, die vormals in der angestammten Umgebung und in kleinen Clans in ihre Aufgaben und Selbstverwirklichung natürlich hineingewachsen waren, in diesen Kriegergesellschaften ein sozial hoch bewertetes Feld der Betätigung und Selbstbestätigung finden konnten.

---

[2] Kriegergesellschaften waren Männerbünde innerhalb eines Stammes oder Volkes.

Die wesentlichste Aufgabe der Männerbünde aber lag darin, die heranwachsende Generation im Rahmen der gesellschaftlichen Formen zu erziehen. Ein junger Mann, der in einen Bund eingetreten war, lebte praktisch voll und ganz dort; er schlief, aß, tanzte und sang mit seinen älteren Genossen und lernte auf diese Weise die Wertvorstellungen und Verhaltensnormen kennen.[3]

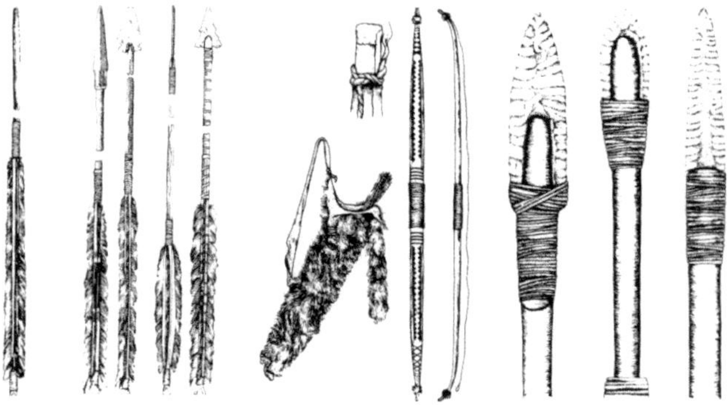

von links nach rechts:
Pfeile der Sioux-Indianer, Bogen und Köcher der Hupas und Speerspitzen (Stein) früher Kulturen

Es liegt sicherlich in der Logik der Entfremdung, dass die spontanen und für die Gesamtgesellschaft an sich oft unnützen Großtaten kleinerer Gruppen solcher Krieger bei der am Krieg zumeist uninteres-

---

[3] Wolfgang Lindig, Mark Münzel: "Die Indianer - Kulturen und Geschichte der Indianer Nord-, Mittel- und Südamerikas", München 1976, S. 102

sierten Mehrheit eng zusammenlebender Stämme nicht selten ein mit Unverständnis und Furcht gekoppeltes Erstaunen hervorriefen. Als Folge sind Respekt und Achtung und der hohe soziale Wert des Erwerbs von Coups und damit von Privilegien dann durchaus nachvollziehbare Entwicklungen. Es ist deshalb auch nicht verwunderlich, dass der Einfluss der Kriegergesellschaften manchmal bis zur Wahrnehmung von Polizeifunktionen geriet. Dennoch handelte es sich in keinem bekannten Fall um mit Militärorganisationen vergleichbare Gemeinschaften, noch waren diese aus der tradierten Lebensstruktur der Indianer zu taktischen und strategischen Einsätzen zu organisieren. Vielmehr war die Regel, dass kleinere Gruppen dieser Gesellschaften sich zur Erlangung sozialer Vorteile in der großen Stammesgesellschaft, der sie mehr oder weniger locker zugehörten, zu spontanen und unorganisierten Großtaten berufen fühlten. Weder die Häuptlinge noch einzelne Führer hatten gewöhnlich die exekutive Gewalt bzw. die administrative Autorität, diesen in der Gestalt von Kriegergesellschaften erst spät entstandenen Formen entfremdeten Lebensausdrucks und damit den sogenannten Kriegern ein zielgerichtetes oder militärisch sinnvolles Operieren aufzuzwingen. Schon damit erübrigt sich die Frage nach einer Kriegskunst der Indianer.

Was nun die Kampfkunst, d.h. den kultivierten Umgang mit und ohne Waffen in Form des Zweikampfes betrifft, so ist eine regelrechte Kunstfertigkeit schon deshalb auszuschließen, weil der

Zweikampf unter den Indianern und die Verletzung oder sogar Tötung eines Stammesmitgliedes als eines der strafwürdigsten Verbrechen angesehen wurde. Es wurde immer mit einem befristeten oder gar lebenslangen Ausschluss aus der Stammesgemeinschaft geahndet.

Das zum Vergleich anstehende Duell mit seiner Technologie und Kunstfertigkeit, wie wir es in Asien und im Abendland als ein soziales Gewaltregulativ kennen, fehlt damit bei den Indianern als basis-innovative Voraussetzung zur Entwicklung von etwas Ähnlichem oder Vergleichbarem wie dem, was wir im Allgemeinen als Kampfkunst begreifen. Interessant ist, dass es ursprünglich zwischen den Jagdwerkzeugen und den dann auch als Kriegswaffen genutzten Instrumenten in den Händen der Indianer nie nennenswerte Unterschiede gab. Das Duell und die Waffentechnologie des Zweikampfes sind ein typisches Merkmal ziviler Gesellschaften und Staaten zum Zwecke der Regulation und Kontrolle individueller Gewalt. Sie haben - in der Geschichte des Duells nachweisbar - erzieherische Funktionen zur hochgradigen Anpassung rebellischer Regungen. Bei den Indianern gab es aufgrund mangelhaft organisierter und instabiler Herrschaftsstrukturen auch in den Zwangsgemeinschaften großer Stämme und Stammesansammlungen keine Grundlage für ein derartiges Regulativ und deshalb auch keine Voraussetzung für Duelle und damit verbundene Kunstfertigkeiten.

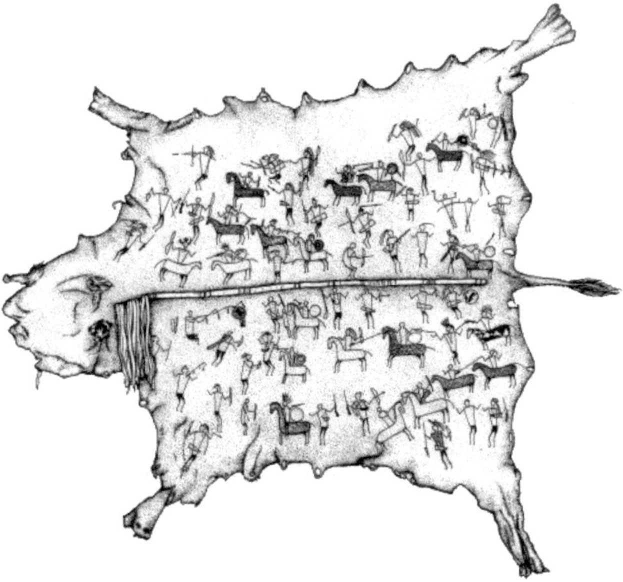

Schlacht der Mandan gegen Sioux und Arikara um das Jahr 1790 (Büffelhaut)

Literatur:

(1) George A. Dorsey: "The Cheyenne", Chicago 1905

(2) Bil Gilbert: "Die Wegbereiter", Time-Life Books (Nederland) B.V., 1979

(3) George Bird Grinnell: "The Cheyenne Indians - Their History and Ways of Life", Vol. 1,2, New York 1962

(4) Robert H. Lowie: "Indians of the Plains", New York 1954

(5) Otis Tufton Mason: "North American Bows, Arrows and Quivers", Washington 1894

(6) René Oth: "Das große Indianerlexikon", Würzburg 1979

(7) B.O.K. Reeves: "Sechs Jahrtausende Bisonjagd", Spektrum der Wissenschaft 12/1983

(8) John Stands In Timber and Margot Liberty: "Cheyenne Memories", Yale University Press 1967

Flüstertüte

Ach, ich wünsche mir zu sagen,
was doch keiner wissen will,
ohne daran zu verzagen,
darum bin ich lieber still.

Silberstreif

Die Zeit ist reif, die Zeit ist reif,
und er ist schon zu erkennen
am Horizont, der Silberstreif,
es beginnt der Tag zu brennen.

Der Wahnsinn, der ist etabliert,
er trägt den Ärztekoffer,
das Denkvermögen, das verliert,
wird kleinkariert und schroffer.

Die Luft wird dünner, Grün verdorrt
und die Erträge schrumpfen,
der Raub wird zum Elitesport,
es zählt nur Übertrumpfen.

Der Krieg mutiert zur Weltjustiz
getarnt als Notverwaltung,
die Reichen feiern Benefiz
zur Armenhausgestaltung.

Das Elend wächst, die Menschen sterben
an Hunger, Krankheit und Gewalt,
nur ausgenommen sind die Erben,
sie werden ohne Nöte alt.

Das Menschenrecht, das teilt sich auf
in Wenige und Viele,
es kommt zum Hoffnungsausverkauf,
kein Brot mehr, aber Spiele,

Spiele etwa wie das Lügen
und Enttäuschungsregulieren,
Menschen strafen zum Vergnügen
und die Skrupel zu verlieren.

Sich für unersetzlich halten,
vom Gesetz legitimiert,
und gestützt auf Staatsgewalten
wird geraubt, das heißt regiert.

Jedoch in der grauen Masse
ausgebeutet, unterdrückt,
schleift das Volk sich eine Klasse,
der der Sprung nach vorne glückt.

Wenn auch wenige ganz vorn,
doch mit zornentbranntem Ton,
blasen sie das Freiheitshorn,
stehen zur Sozialvision.

Wenn auch Granit zeitweise schon
Glut und Lava fesseln kann,
so kommt es doch zur Explosion,
weil 's zu heiß wird irgendwann.

Wer mit technischen Gewalten
Menschenträume fesseln sollte,
trifft sie wieder, gut erhalten,
wo er sie nicht treffen wollte.

Das "Endliche Ritual"

Unveröffentlichter Romanauszug

Ch'i wäre [...] weniger eine geheimnisvolle Kraft als vielmehr eine Methode, in Verbindung mit dem zunehmenden Wissen um den Körper und die Natur, in unmittelbarster Form bzw. Einfachheit die Technik, d.h. den kontrollierten Zugriff auf vorhandene und verstehbare Energie und Kräfte, zu verfeinern und zu verbessern.

(Helmut Barthel, aus: Das Ch'i-Konzept - Teil 1)

Das "Endliche Ritual"

Kurzentschlossen habe ich mich auf den Weg nach Helsinki gemacht. Selbstverständlich in erster Linie deswegen, weil ich meine Unruhe nicht mehr zu beherrschen vermochte. Ich fühlte mich auf eine Weise schlecht, die mir deshalb so schwerwiegend erschien, weil sie ausschließlich meinen Körper betraf. Eine mir bis dahin unbekannte und nicht fassbare Umtriebigkeit war die Folge, und ich konnte sie nur bewältigen, wenn ich in der Lage war, sie zum Vorwand für alles Mögliche zu machen. So war denn meine Ausrede auch schnell konstruiert für den kleinen zweitägigen Sprung aus der Wildnis in die Geborgenheit vertrauten Verkehrslärms und sattsam bekannter Alltagshektik, ein heilendes Bad im ganz gewöhnlichen Großstadtleben.

Mein offizielles Ziel war die große internationale Buchhandlung, in die ich mich schon beim ersten Besuch in Helsinki ein wenig verliebt hatte. Deshalb erschien mir meine Flucht gleichzeitig auch wieder ungemein praktisch, denn nichts schien im Augenblick naheliegender zu sein, als mein in Brand gesetztes Gemüt wieder durch die Anregungen vergleichender Literatur abzukühlen, ein Reflex sicherlich, und dennoch meinte ich, keinen Zentimeter von den Denk- und Folgekonsequenzen meiner noch so frischen Erlebnisse und Begegnungen abzuweichen.

Von meinem Anspruch her sollte ich doch die Tatsache einer Zufallsbekanntschaft, die mittlerweile zu zwei aufregenden Gesprächen mit offenem Ausgang geführt hatte, leicht verkraften können. Seinen Namen und dass er Norweger sei und als Student und Privatgelehrter an verschiedenen Universitäten wesentlich Fächer der Anthropologie und Psychologie belegte, hatte er mich wissen lassen. Im Verhältnis zu welchen Themen und wie intensiv unsere Gespräche verliefen, waren diese Daten zu seiner Person allerdings doch sehr dürftig. Ich konnte bis zu diesem Zeitpunkt auch noch nicht wissen, dass ich bis zuletzt über ihn persönlich nie mehr erfahren würde. Mit seinen ein Meter fünfundachtzig sah er eher wie ein übergroßer Japaner aus, aber keinesfalls wie ein Norweger. Daran änderte auch der Umstand nichts, dass er immer, wenn ich ihn traf, unter seinem übergroßen und in der Regel offenen Parka einen Norwegerpullover zu einer verwaschenen Jeans trug. Bei dieser Gelegenheit fällt mir ein, dass mir späterhin meistens entgangen ist, dass ich ihn auch immer nur in exakt derselben oder mindestens fast übereinstimmend gleicher Freizeitbekleidung angetroffen habe.

Von diesen Feststellungen einmal abgesehen, kann ich schon nach den ersten beiden Gesprächen behaupten, dass Aslat der faszinierendste Mensch war, der mir bis dahin begegnet ist. Beide Begegnungen hatten trotz der sehr ernsthaften und intensiven Diskussionen eine so unabweisliche Leichtigkeit und Fröhlichkeit, dass mir spätestens nach der Verabschiedung der Alltag wieder schwer und spürbar in den Schoß fiel. Wenn ich es nicht besser gewusst hätte, wäre mir die Idee sehr willkommen gewesen, meinen Körper- und Gemütskater und die Suche nach Ablenkung am ehesten noch auf diese Erfahrungen und die ziemlich abrupte Ernüchterung zurückzuführen, die sich sofort einstellte, wenn ich mich dann mit meinen aufgewühlten Gedanken und Gefühlen auf mich selbst geworfen sah.

Ich muss zugeben, dass ich mich auch nach späteren Treffen mit ihm nie ganz des Gefühls erwehren konnte, zurückgelassen worden zu sein.

Auf der langen Fahrt mit dem Bus über den Ölkies der Nordstraße hielt mich ein ständiges, inneres Check-up meiner letzten Begehung und Sicherung der Blockhütte, die nicht nur eine abgeschiedene Zuflucht, sondern indessen ein kleines Zuhause geworden war, voll bei Bewusstsein. Das Geplapper der anderen Fahrgäste registrierte ich im selben Augenblick, in dem ich meine Erinnerung daran hervorrief, dass ich auch wirklich das Feuer vollständig gelöscht und die Tür abgeschlossen hatte. An die Erlebnisse der letzten drei Wochen wagte ich jedoch in dieser Umgebung nicht zu denken aus Furcht, in der Folge in einen tranceähnlichen Schlaf zu versinken und das Umsteigen in Rovaniemi auf ein Schienentransportfahrzeug - es war wohl eine Dieselbahn - möglicherweise zu versäumen.

Als ich den kleinen Bahnhof in Helsinki durchquert hatte und mich auf den nach dem kurzen Entzug in der Wildnis gewaltig erscheinenden und aufs Hellste erleuchteten Straßen zur späten Abendstunde endlich in der Normalität hupenden Verkehrslärms, greller Lichtreflexe und allgegenwärtigen Brausens menschlicher Stimmen wiederfand, traf eine augenblickliche Erleichterung mit meiner lang aufgestauten Müdigkeit zusammen, und ich war froh, noch am Vortage von der kleinen Poststation in Inari mein Hotelzimmer fernmündlich gebucht zu haben. Außer dem schnellen Stopp eines Taxis, der furchtbar kurzen Zeit, bis ich am Hotel war, und dem ausgiebigen, warmen Bad weiß ich von diesem Abend nichts mehr.

Sicherlich hatte ich bereits eine Stunde in der Buchhandlung zugebracht. Als einer der wenigen Kunden, die schon eine halbe Stunde nach Ladenöffnung das Geschäft betreten hatten, legte ich es geradezu darauf an, mit touristischer Planlosigkeit zunächst einmal die auf ein Erdgeschoss und ein erstes Stockwerk verteilten Ausstellungsregale und Buchständer in Augenschein zu nehmen. Mein eigentliches Ziel, systematisch nach Büchern aus den Rubriken Anthropologie, Religionenwissenschaften und Magie Ausschau zu halten, sparte ich mir für das Ende meines Einkaufsspazierganges auf.

Schnell hatte sich so etwas wie Sorglosigkeit eingestellt, und es gehört wohl zu diesem Zustand, dass ich mir gerade darüber keine Gedanken machte. Meine selbstvergessene Fassade wurde jedoch empfindlich in Aufruhr versetzt, als mir jemand offensichtlich länger, als die natürlichen Reflexe es gewöhnlich erlauben, einen kleinen Stapel Bücher in mein Gesichtsfeld hielt. Die verbliebene Schrecksekunde, die mir hätte noch zustehen können, wurde gleich mit einem wohlklingenden und freundlichen Lachen fortgefegt. Übergangslos und als wäre nie etwas dazwischen gewesen, erkannte ich ihn und war auf Anhieb viel weiter entfernt von all meinen festen und vorübergehenden Adressen, als ich je gereist war.

"Wäre das eine treffende Auswahl?", fragte er mich, und es klang eher wie eine Feststellung. Es war kein äußerer oder innerer Zwang, keine Hypnose oder gar ein Danebengetretensein, das mich dazu veranlasste, den Stapel Bücher aus seiner Hand zu nehmen, zur Kasse zu gehen und sofort zu bezahlen, sondern nur der Wunsch, mit ihm zusammen an einen Ort zu gehen, an dem wir in Ruhe miteinander sprechen konnten.

"Am besten", meinte er vor der Tür, "wir gehen gleich in dein Hotel, wenn du willst. Dort haben wir am meisten Ruhe und dazu noch eine halbe Nacht Zeit."

Mein Aufbegehren darüber, dass er, wie jedes Mal, auch später, sofort die Initiative hatte und darüber hinaus offensichtlich sehr genau einzuschätzen wusste, für wie lange ich das Hotelzimmer gebucht hatte (tatsächlich waren es zwei Übernachtungen), verschob ich halbherzig auf später. Genau genommen wusste ich, dass diese Details im Verhältnis zu den

Dingen, die ich von ihm erfahren wollte, überhaupt kein Gewicht hatten.

Die Angelegenheit, in der ich mich im höchsten Norden Lapplands aufhielt, wurde in ihrer Bedeutung nur noch übertroffen von der Ungeduld, mit der ich ihr nachjagte. Dieser Mensch, der sich mit einem umwerfenden Kleiner-Junge-Ausdruck auf seinem Gesicht zielstrebig in die Richtung, in der ich mein Hotel wusste, bewegte, verfügte über ungeheuer viel Wissen auf dem einzigen Gebiet, das mich interessierte. Und mehr noch, er erweckte manchmal den Eindruck bei mir, ein Eingeweihter zu sein, was auch immer das bedeutete.

Trotz seiner Initiative fühlte ich mich überhaupt nicht in der Reaktion und war taufrisch. Längst hatte ich mir vorgenommen, ihm wenigstens darin zuvorzukommen, uns beiden in meinem Hotel ein kleines Kaffee-Frühstück zu bestellen.

Beim gemeinsamen Imbiss an diesem Morgen fiel mir dann zum ersten Mal richtig auf, dass er keine Zigarette ausschlug, die ich ihm anbot, obwohl er selber nie etwas zum Rauchen dabeihatte. Ich konnte und wollte mich gegen die primitive Art, wie mir das Vertrauen einflößte, nicht zur Wehr setzen.

Schon beim Frühstück gab es keinen Augenblick der Verlegenheit und wir plauderten bereits in der Gästehalle munter über diesen oder jenen losen Gedankenfaden, der aus dem letzten Gespräch noch herüberreichte.

"Du sagtest mir beim letzten Mal, dass es so etwas wie Magie bei den Alten, die noch bis zum heutigen Tag und darüber hinaus ihre Taten tun, nicht gäbe, und eigentlich auch keine Methoden zu deren Wirken und Streben, die man erlernen könnte."

Aslat nickte zustimmend. "Das ist das, was ich weiß. Handelt es sich nicht bei der Magie in all ihren Spielarten letztendlich um den Versuch, wie direkt und indirekt es auch sein mag, ursächlichen Einfluss auf was oder wen auch immer zu nehmen?

So hätte der Magier, in einem einfachen Beispiel gedacht, es etwa bei dem Versuch, ein Glücksspiel zu beeinflussen, immer mit Vorgaben wie zum Beispiel Zahlen, Regeln, Symbolen, Maßstäben oder Verhältnissen zu tun, denen er sich schon dadurch augenblicklich unterwirft, dass er in irgendeiner Art und Weise Bezug darauf nimmt. Er passt sich gewissermaßen den Bedingungen oder vermeintlichen Objekten seines Tuns vollendet an, weil er sie zur Quelle seiner Operation macht. Auch nur der Gedanke daran, in irgendeiner Form oder Gestalt auf etwas bereits Gegebenes oder Vorhandenes zurückzugreifen, ist bloße Spiegelfechterei.

Dabei überrascht es mich überhaupt nicht, dass konventionelles Kausaldenken oder dessen dialektische Varianten sich auch als das Denkgerüst oder Hauptwerkzeug der Magie schlechthin erweist. Geht es doch um nicht mehr dabei als den Rückgriff der Erfahrung auf das, was der Mensch als Macht oder

Effizienz zu erleben glaubt. Doch gibt diese vermeintliche Erfahrung noch keinen Hinweis darauf, ihm einen Zugriff auf diese Größen zu ermöglichen - im Gegenteil. Es sind eher Spekulationen, die aus der Ohnmacht geboren werden. Nur aus der Sicht der Ohnmacht nämlich lässt sich Macht als bloße Erfahrung oder als Erlebnis abbilden. Dabei ist Macht nicht notwendig, aber auch nicht beiläufig aus ihrer Funktion heraus zurückzuführen oder anders zu reflektieren. Denn das würde logischerweise bedeuten, dass Macht oder Effizienz ersetzbar und so in ihrem Kern aufzuheben wären.

Gewöhnlich spricht der Mensch von Macht, wenn er den Versuch unternimmt, seiner unabweislichen Erfahrung von Ohnmacht ersatzweise den Anschein von Unverletzbarkeit zu geben.

Ich bevorzuge deshalb, in der Frage der Macht schon bei den ersten vagen Versuchen, auf diese Weise Vergeblichkeit und Ohnmacht zum ausschließlichen Thema zu machen, selbst in unserer modernen Sprache auf die probaten Handhabungen und Techniken der Alten zurückzugreifen. Ich halte es zum Beispiel für brauchbarer, dem Thema gezielt die Note der Verschleierung aufzuzwängen, indem ich stattdessen das Wort 'Zauberei' favorisiere.

Es ist von seiner Entstehungsgeschichte her allein deshalb zutreffender, weil es auf das Nüchternste heruntergebrochen den Unverstand und das Unvermögen desjenigen zum Ausdruck bringt, der sich dem Streit und dem Aufbegehren gegen alle Regeln und geltenden Verhältnisse gleichzeitig am wirksamsten verweigert.

Das Wort Zauberei heißt ursprünglich nur Zinnober und bezeichnet rote Farbe, die, weil sie in der Natur für den Menschen so leicht zugänglich war, auch am häufigsten Verwendung bei seinen Bemühungen um Bildabstraktionen und Veränderungen seiner Realität fand. Lass es mich in einer kleinen, wohl erfundenen Geschichte erzählen, wie sie sich jedoch so oder ähnlich bei der Begriffsentwicklung dieses Wortes ereignet haben könnte:

Ein ungebildeter Bauer oder Knecht hatte zu seiner Überraschung das Glück, ein offensichtlich heimliches Treffen mächtiger und einflussreicher Leute vom Hofe des Herrschers zu entdecken. Für ihn waren das prominente und ungeheuer mächtige Menschen und von der instinktiven Neugier angeheizt, doch herauszufinden, was diese mächtigen und einflussreichen Leute denn außerhalb ihrer sicheren Behausung an einem heimlichen Ort zwischen Hügeln und Tälern trieben, beobachtete er sie aus sicherer Entfernung. Seine naturgemäß kurze Geduld kam auch bald auf ihre Kosten, als er die ganze Zeit seines angestrengten Stierens aus seinem Versteck auf die Umtriebe der kleinen Versammlung lediglich bemerken konnte, dass sie an einer Felswand irgendetwas mit roter Farbe taten.

An dem Treffpunkt des Dorfes, der zu jener Zeit wohl dasselbe war wie für den modernen Menschen das Wirtshaus, wusste er seinen gespannten Zuhörern lediglich zu berichten, dass die mächtigen Männer dort etwas völlig Unverständliches mit roter Farbe, also mit Zinnober, angestellt hätten. So mag man später, wenn man über geheimnisvolle, möglicherweise mächtige Dinge beim gemeinen Volk etwas zu sagen pflegte, fortan in einem Wort dann von Zinnober oder Zauberei gesprochen haben. Für mich drückt dieses Wort darum aufs Natürlichste das Wissen um jene Zone aus, wo sich Unvermögen und Unwissen mit Macht, Wirkung oder Wissen nie zu treffen imstande sind.

Gemessen an den Techniken, Handhabungen und damit verbundenen sprachlichen Überlieferungen der Alten, auf die ich mich eigentlich immer stütze, wenn ich von Macht und grenzensprengender Effizienz spreche, gibt es ein solches, vergleichsweise modernes Wort selbstverständlich nicht. Da wir aber beide in gewissem Sinne als multikulturelle Subjekte zumindest in der Sprache, derer wir uns bedienen, handeln und denken, halte ich es um des Verständnisses und der schnellen Rede willen für angemessen, mit dem Wort Zauberei unsere Interessen zusammenzufassen. Darüber hinaus weist dieses Wort nach meinem Dafürhalten unzweifelhaft die aufrichtigsten Konturen auf, die dringend erforderlich sind, wenn so ein Begriff nicht zum bloßen Hindernis allzu leichtfertigen Verstehens verkommen will. Zauberei erfüllt als Arbeitstitel in der Frage um Macht und Wirksamkeit noch am Elegantesten die Funktion einer hochaktiven

Eröffnung zum grenzüberschreitenden Wissen und Können."

Aslat verschränkte mit gespielter Verlegenheit die Arme vor der Brust und fügte in einem resignierten Tonfall hinzu, dass auch und trotz der Logik der Entstehungsgeschichte dieses Wortes die Menschen diesen Begriff zunächst mit Macht und Wirksamkeit gleichzusetzen bemüht waren. Dieses sei im Ansatz schon das typische Erscheinungsbild sprudelnder und quellender Folklore, einer Folklore, die reichhaltig Stoff und Struktur lieferte für Legenden und Mythen und den später folgerichtigen Versuch, sie zu entschlüsseln und in diesen Quellirrtümern irgendwelche geheimen Wahrheiten zu entdecken. Bis in die heutige Zeit sei das für die Menschen eine große Verführung geblieben.

"Es erstaunt dann auch nicht, dass Zauberei und alles, was damit verbunden werden könnte, die Menschen in zwei unversöhnliche Lager spaltet. Ich muss nicht besonders unterstreichen, dass beide Ansätze Ausdruck für die Unfähigkeit sind, die Zauberei als Eröffnung zu nutzen und zum Werkzeug machen zu können. Dabei fällt mir auf, dass das Wort Werkzeug leicht zu dem Missverständnis führen könnte, es wäre der bloße Nutzen der Eröffnung durch eine suggerierte Verfügbarkeit zu ersetzen, so als reiche das bloße Wort, um Wirkung zu erzielen."

Mit leichten Konzentrationseinbußen hatte ich seiner ausführlichen Darlegung gelauscht und in der

Annahme, dass in einer derart fundamentalen Ausführung irgendwo der Wurm stecken müsse, konfrontierte ich ihn gleich mit der Frage, ob denn nicht alle Worte und die Sprache schlechthin Ersatz wären.

Seine schlichte Antwort war überwältigend.

"Selbstverständlich kann eine Sicherheitsnadel der Ersatz für einen Knopf sein. Aber in bestimmten Arbeitsabläufen ist sie ein unverzichtbares Glied effektivster Handarbeit. Das Ergebnis ihres wirksamen Einsatzes lässt sich dann ebenso zu einem unersetzlichen Glied einer weiter folgenden Nutzung machen, wie es auch zum nutzlosen Ersatz verkommen könnte. Logisch folgt doch daraus, dass alles Mögliche zum bloßen Ersatz oder zur ausschließlichen Kompensation einer bestimmten oder unbestimmten Entwicklungsunfähigkeit geeignet ist, wie es eben auch zum Nutzen, die Unfähigkeit zu überwinden und endlich zu einem Abschluss zu bringen, gereichen kann. Wichtig ist an dieser Stelle nur, dass das Glied des Nutzens oder der Gegenstand bloßen Ersatzes nicht gleichzeitig beides sein kann.

Wer sich in den Versuch verliert, diese beiden Ausschließlichkeiten miteinander in Einklang zu bringen, wird allerdings immer beim bloßen Ersatz landen."

Ich runzelte die Stirn, aber nicht zum Zeichen des Widerspruchs, sondern um auf diese Weise den Wunsch nach einer kleinen Kunstpause anzumelden.

Denn, soweit ich folgen konnte, tat sich mir ein durchaus neuer Gedanke auf, dessen praktische Konsequenzen mir im Augenblick unabsehbar erschienen.

Diese unscheinbare Position, die Aslat so leichtfüßig mit seinen Ausführungen herüberzubringen imstande war und die schlicht unhinterfragte Axiome unseres Handlungs- und Denkvermögens in Frage stellte, hatte doch eine recht unverdauliche Wirkung auf mich. Unser gleichungs- und unterscheidungsgetragenes und -gestütztes Denken schrumpfte im Lichte der Konsequenz, dass eine Qualität oder ein Wert, auf seine Effizienz oder Macht hin abgeklopft, nicht gleichzeitig Ersatz und Wirkung repräsentiert. Folgerichtig verliert sich eine Wirkung nicht mehr in den Vergleichen oder Unterscheidungen oder anderen Formen der Wiederholbarkeit. Weder nach vorne noch in einer anderen Richtung wäre man imstande, zu einem wirklichen oder vermeintlichen Ausgangspunkt zurückzukehren.

Erschreckend deutlich wurde mir dann auch die vom Menschen bevorzugte Neigung, dem Ersatz, und das hieß nun einmal der Endlosigkeit, den Zuschlag zu geben. Wie anders ließe sich in der vertrauten Abstraktion jedoch Endlosigkeit abbilden denn als Wiederholung oder Zirkelschluss?

Ich hatte meine Zigarette ausgedrückt und war aufgestanden. Als wäre es das Natürlichste der Welt, hatte auch Aslat sich von seinem Platz erhoben und bereits den Weg zum Fahrstuhl eingeschlagen.

"Klar", sagte ich, als wir uns dann am improvisierten Schreibtisch in meinem Zimmer wieder gegenübersaßen, "da kommt man mit den Fragen Was dann? oder Wie denn? auf keinen grünen Zweig. Ich nehme doch an", fuhr ich fort, "wir säßen jetzt nicht zusammen und würden miteinander reden, wenn wir nicht zweifelsfrei vom selben Anliegen beseelt wären."

"Siehst du", gab er gleich zurück, "wie schnell du im Angesicht der Gewissheit und Ernüchterung plötzlich dein Heil in irgendeiner ominösen Seele suchst, die dann zum bloßen Ersatz dessen wird, was wir immer vermieden haben zu tun, nämlich den halben Schritt zu einem unwiederbringlichen Abschluss zu bringen, zu dem der Anspruch, alle Regeln und Gültigkeiten zu missachten und zu verletzen, uns verleitet hat. Der Bestand einer Seele wird doch immer dort aufgerufen, wo sich der Abgrund auftut, jedweder Orientierungsnot verlustig zu gehen."

"Was", warf ich ein, "hat denn Orientierung nun schon wieder mit Not zu schaffen?"

"Nun", ging er auf meine Frage ein, "gerade Orientierung stellt doch das klassische Set des Ersatzes dar und ist geradezu symptomatisch dafür, dass ständig etwas fehlt. Solange die Orientierung währt, kann von einem Abschluss oder der Bewältigung von Grenzen nicht die Rede sein. In ihrer einfachsten und sicherlich auch aktivsten Gestalt wird die

Orientierung doch durch das Suchen des Menschen zum Tragen gebracht. Und ist Suchen nicht die positive Version menschlicher Hilflosigkeit?"

Da konnte ich ihm nur beipflichten.

Meine Verlegenheit ließ mich wieder einmal auf meine Glimmstängel zurückgreifen, und wie immer nahm auch er gerne die angebotene Zigarette entgegen, als wäre dies gerade der passendste Moment dafür. Nach kurzem Schweigen, es sah so aus, als hätte er sich eine Erklärung zurechtgelegt, fuhr er mit verhaltenem Ernst in seinen Erläuterungen fort.

"Die Alten", so sagte er, "hatten keine Methoden, und das wirst du sicher jetzt auch besser verstehen, denn solche wären immer nur Ersatz für die nackte Handhabung. Dem widerspricht auch nicht, dass die Fähigkeiten und das Wissen, das sich weder vergleichen noch unterscheiden lässt, so ungemein praktisch und wirkungsvoll sind, dass sie bei konsequenter Übernahme und Anwendung selbst das so unendlich festgefügte Gefängnis der Wiederholungen und Zirkelschlüsse, der Erwartungen und Enttäuschungen, des Vergessens und des Neubeginns zum bloßen Spielfeld unbändigen Bewegungsdranges und wilden Aufbegehrens verkehren und zuletzt dem entstandenen Streit zum Opfer fallen."

Hier unterbrach er sich für eine kurze Weile und fügte dann nachdenklich hinzu: "Und das ist der springende Punkt, der Streit, die haarscharfe Linie, nichts, was es gibt, noch was gelten soll, jemals zu akzeptieren oder hinzunehmen, wo die Konvention keinen Anfang mehr findet und die Überwindung kein Ende. Das Geheimnis der Stärke und der Verstärkung übernehmen und praktizieren zu können, wovon ich spreche, hat sicher seinen Ausgangspunkt ausschließlich in oder bei demjenigen Menschen, der den kompromisslosen Streit realisiert gegen alle geltenden Regeln und für den das erbarmungslose oder gnadenlose Verletzen bestehender Verhältnisse unverwechselbar geworden ist und der damit die Matrix der Unumkehrbarkeit überhaupt erst bereitstellt. In den Mühen dieses Streites nämlich lassen sich Verstärkung und Verlässlichkeit aller Leute, seien sie Menschen oder nicht, in die Reihenfolge auch menschheitsgeschichtlich uralter Traditionen einfügen.

In diesem Bund folgt Schritt um Schritt die Fähigkeit zur sicheren Handhabung dessen, was im Allgemeinen als Macht und Effizienz erfahren oder erlitten wird. Dabei hat die Schrittfolge, von der ich hier spreche, noch am ehesten, wenn auch nur im entferntesten Vergleich, Verwandtschaft mit dem, was der menschliche Verstand versucht als Technik zu begreifen. Damit betreten wir den Boden der Zauberei.

Sie nimmt dort gewissermaßen als Nebenerscheinung für jeden Außenstehenden Gestalt an, der nicht wissen kann, dass ein Zauberer nicht damit befasst ist, auf etwas bereits Gegebenes und damit auch Bestehendes oder Vergangenes Einfluss zu nehmen. Vielmehr steht der Zauberer ausschließlich frei für die Entfaltung des Streites und die Entwicklung maßloser Macht und Effizienz. Dabei sind Begleiterscheinungen selbstverständlich, die dem normalen Begreifen, gefangen in Ursache und Wirkung, im besten folkloristischen Sinne nicht nur wie Zauberei erscheinen, sondern auch noch zielstrebig und treffsicher sind. Diese Treffsicherheit kann dann auch gerne als das technische Äquivalent zur Effizienz betrachtet werden. Da der Zauberer keine Versöhnung mit irgendetwas von dem Bestehenden oder Gültigen sucht, gibt es in seinem Tun auch keine Komplikationen und Behinderungen."

Unvermittelt hatte ich, als wäre es gerade geschehen, wieder ein Erlebnis vor Augen, das nur wenige Tage zurücklag und sich mit dem zweiten Treffen zwischen Aslat und mir ereignete. Nach der ersten Begegnung und dem aufrüttelnden Gespräch mit Aslat war ich fast schon darauf vorbereitet, dass bei einem nächsten Zusammenkommen mein Fassungsvermögen sehr strapaziert werden könnte.

Auf meinem sieben Kilometer langen Fußweg zur Bushaltestelle an der großen Nordstraße trat er mir an der Wegbiegung um einen Felsen, welcher einem hohen Hügel vorgelagert war, unvermittelt entgegen und begrüßte mich sogleich aufs Allerfreundlichste, so dass mir, wie ich es auch später von ihm gewohnt war, keine Zeit zum Erschrecken blieb. Ich weiß deshalb auch nicht, ob es Benommenheit oder eine Lähmung oder schon ein gebrochenes Verhältnis zur Wirklichkeit war, das mich dazu befähigte, das dann Folgende offenen Auges zu erleben, ohne davonzulaufen:

Gleich nachdem er mich begrüßt hatte, schüttelte er mir wie zum Abschied die Hand, wandte sich um und stieg an der Wegbiegung neben dem Felsen den Hügel hinauf. Ich machte ein paar hilflose Schritte hinter ihm her, nur behindert durch den ungefüllten Rucksack, den ich zum Provianteinkauf auf dem Rücken mit mir trug. Aslat war kaum mehr als fünfzehn Meter von mir entfernt, da rief mich jemand an, der von der Spitze des Hügels herabstieg und winkte: dieselbe Kleidung, derselbe unbeschwerte, jungenhafte Tritt. Als sich die beiden fast im unteren Drittel der Strecke aneinander vorbeibewegten, erkannte ich es in voller Deutlichkeit. Der Mann, der da leichtfüßig den Hügel hinaufstieg, und der andere, der ein wenig übermütig hüpfend den Hang herunterkam, waren beide Aslat. Wortlos und fassungslos ließ ich es mir gefallen, dass mich der hinabgestiegene Aslat bis zur Bushaltestelle begleitete, um sich dann mit der Behauptung, er hätte noch jemanden zu besuchen, endgültig von mir zu verabschieden.

Fünfzehn Minuten später traf ich ihn dann in der kleinen Siedlung in Inari in einer Bar wieder, und er benahm sich so, als hätte er schon einige Stunden hier verbracht und auf mich gewartet.

Diese Ereignisse belasteten meine Konzentration in dem folgenden Gespräch mit Aslat ungewöhnlich stark.

"Du hast den richtigen Gedanken", riss er mich mit seinem Kommentar von der unausgesprochenen Erinnerung in die Wirklichkeit meines Hotelzimmers zurück. "Also", hob er an, "freunde dich doch bitte einmal mit folgender Idee an. Der Ausgangspunkt, den du in der Öde der Komplexitäten und Unüberschaubarkeiten wählst, ist völlig beliebig, aber hast du ihn einmal gewählt und möchtest auf die Entwicklung von Macht und Effizienz nicht verzichten, dann darf dieser Ausgangspunkt bei allem, was du tust, nicht mehr verlassen oder gewechselt werden. Das erst verschafft dir die unverzichtbare Linie wachsenden Zugriffs und die Voraussetzung für die Verstärkung aller nur denkbaren Fertigkeiten.

Als Kunstgriff schlage ich dir etwas vor, das ich als 'Endliches Ritual' bezeichnen würde. Ein Ritual lebt eigentlich von seinen Wiederholungen und erfüllt auch darin letztendlich seinen Zweck.

Ein 'Endliches Ritual' wäre es nun, gezielt und unaufhaltsam unter absichtlicher Inanspruchnahme aller Unwägbarkeiten und Zufälle und gestützt auf deinen Ausgangspunkt damit zu beginnen, eine einzige Wiederholung vollständig zu brechen oder auch abzuschließen und damit sofort auch das konventionelle Ideal von Genauigkeit zu sprengen. Die Ausführung bestünde darin, einen zuvor definierten Handlungsablauf in jeder Etappe fließend und bis in jedes Detail vollständig mit allem, was du aufbieten kannst, und dem erforderlichen Quäntchen darüber hinaus zu absolvieren.

So ausgeführt bringst du jedes Element dieses Ablaufes zu einem gültigen Schluss und findest dich bei richtiger Handhabung imstande, nicht einen einzigen Moment oder ein kleines Element dieses Rituals jemals zu wiederholen, weder in der geschlossenen Form noch als ein flüchtiges Teilchen integriert in deine übrigen Bewegungsprozesse oder Verhaltensweisen.

Es liegt auf der Hand, dass ein solches 'Endliches Ritual' eine aufs Denkbarste gekürzte Abfolge und aufs Einfachste geschrumpfte Verhaltens- und Bewegungskomplikation beinhaltet. Im Höchstfall und im besten Sinne auch abschließend benötigst du maximal zwei verschiedene solcher Rituale, um dich für den Angriff auf die nächste Größenordnung von Einschränkung und Bewältigung freizumachen."

"Wo", wollte ich gerne wissen, "sind denn die Kriterien für die notwendige Sorgfalt und wie, bitte schön, soll der Maßstab für den vollkommenen Abschluss überprüfbar oder herleitbar sein, wenn meine Ausgangslage doch die Unvollständigkeit und der Mangel ist?"

"Da hast du recht", lachte Aslat. "Darum teile ich dir auch erst am Schluss das Wichtigste mit: Unter keinen Umständen solltest du auch nur den Versuch unternehmen, ein solches Ritual zu machen, sondern alles daransetzen zu vermeiden, dass sich eine derart abwegige Idee in deinem Kopf noch einmal wiederholt ..."

Abgrund

Für alles gibt es Gründe,
für jedes einen Sinn,
und selbst die erste Sünde
kennt ihren Anbeginn.

Für jede Wirkung soll es doch
noch eine Herkunft geben
wie für die Suppe Topf und Koch
und für den Wein die Reben.

Kausale Logik nennt sich das
oder mit and'ren Worten zählen,
woher, warum und wie und was,
zerreißen, sammeln, wissen, wählen.

Von alters her Erkenntnisschritte
koordiniert im Hier und Dort,
erlogen über eine Mitte,
die Flucht ersetzt durch Zeit und Ort,
die nahelegt, es gäbe Ketten,
und Ursachen erfinden lässt,
als ob wir je begriffen hätten
und aufgeklärt bis auf den Rest.

Denn gibt es irgendeinen Grund,
der mehr als nur "nicht weiter" sagt?
Ganz sicher hat des Menschen Mund
nach einem Abgrund nie gefragt.

Über den Autor

Helmut Barthel, geboren 1951 in Hamburg, schreibt seit seinem achten Lebensjahr. Sein beeindruckendes Werk umfasst heute weit mehr als 1000 Gedichte, veröffentlicht in sieben Lyrik-Bänden, und zwei Serien von über 100 Kurzerzählungen mit Episoden über den "Zimmermann in der Wüste" und über den "Vollerwachten". Die schon früh entstandenen kurzen Social- und Science-Fiction, fantastischen und politisch-satirischen Erzählungen in "Ein Tag wie morgen" sowie der Band "Fabulate" mit Randbemerkungen in zeitkritischen Prosabildern vermitteln einen ergänzenden Einblick in das breite erzählerische Spektrum des Autors. 2015 erschien der erste Teil der Roman-Trilogie "Zauber kalt - Ein

Märchen für Erwachsene", "Bari in Inari", 2020 der zweite Teil "Die wilde Jagd".

1982 gründete Helmut Barthel den MA-Verlag. Er ist Chefredakteur des Online- und Printmagazins Schattenblick, ein Imprint des Verlags, und schreibt nachhaltige Fachartikel in den Bereichen Politik, Kultur und Philosophie. Seine Leidenschaft gilt der deutschen Sprache, besonders in verdichteter Gestalt.

Helmut Barthel

Zauber kalt

Ein Märchen für Erwachsene

Teil 1 - **Bari in Inari**

Folgt mir nun auf die Reise in eine ferne Vergangenheit, die der Zukunft doch so nahe ist wie die Worte, die ich gebrauchen werde, um Euch die Begebenheiten meiner Wanderschaft an die Quellen der Zauberei zu erzählen.

Paperback, 174 Seiten, 11,80 €
ISBN 978-3-925718-34-2

Teil 2 - **Die wilde Jagd**

Lasst uns nun weiter zusammenrücken und uns fortbewegen auf einer längst begonnenen Reise entlang der Pfade grenzwertiger Geschehnisse, direkt auf die Folgen lebens- und wirklichkeitsverändernder Konsequenzen zu.

Paperback, 92 Seiten, 9,00 €
ISBN 978-3-925718-41-0

Teil 3 - **Wirklich kalt**

"Zauber kalt, Teil 3 – Wirklich kalt" folgt in Kürze ...

Helmut Barthel

Lyrik-Lesung

im Kulturcafé Komm du, Hamburg-Harburg

Band 1 bis 5

Band 1, Paperback, 198 Seiten, 12,80 €
ISBN 978-3-925718-29-8

Band 2, Paperback, 146 Seiten, 10,90 €
ISBN 978-3-925718-30-4

Band 3, Paperback, 190 Seiten, 12,50 €
ISBN 978-3-925718-31-1

Band 4, Paperback, 124 Seiten, 10,00 €
ISBN 978-3-925718-32-8

Band 5, Paperback, 198 Seiten, 12,80 €
ISBN 978-3-925718-33-5

Helmut Barthel

Dichterstube - Kehricht

Lyrik & Poesie

Band 1 und 2

Band 1, Paperback, 272 Seiten, 12,90 €
ISBN 978-3-925718-26-7

Band 2, Paperback, 188 Seiten, 10,90 €
ISBN 978-3-925718-27-4

Helmut Barthel

Ein Tag wie morgen

Kleine Geschichten

- Der Gau
- Gleiches Licht für alle
- Die Idiotenwiese
- Komm du
- Warum ist Bodhidharma nach China gekommen?
- Die Nacht
- Langeweile
- Um 10:00 Uhr irgendwo in Deutschland
- Firmenkondolenz

Paperback, 172 Seiten, Preis 9,00 €
ISBN/EAN: 978-3-925718-37-3

Der Vollerwachte

aber widersprach und sagte ...

von Helmut Barthel

Unnahbar geht der Erhabene seinen Weg und hinterläßt ganz nebenbei bedenkenswerten Rat und erfrischende Worte zu allzeit aktuellen und grundlegenden Lebensfragen und spirituellen Rätseln. In stets zugewandten, virtuellen Disputen wendet er sich mit lebenspraktischem Blick gegen die Einseitigkeit fundamentaler Wahrheiten und tritt kompromißlos der Vormacht aller Schmerzen und dem Spektrum aller Leiden entgegen.

Ein Lesevergnügen eben nicht nur für die Vertreter der diversen Glaubensrichtungen.

Helmut Barthel

Der Vollerwachte

aber widersprach und sagte ...

Paperback, 148 Seiten, Preis 9,90 €

ISBN 978-3-925718-28-1

Ein Zimmermann

in der Wüste

Es begab sich aber vielleicht auch ...

Eine heitere Exegese
neutestamentlicher Begebenheiten

von Helmut Barthel

Mit einer Exegese der besonderen Art bietet Helmut Barthel in seinem Erzählbändchen einen ganz neuen und humorvollen Blick auf 14 bekannte neutestamentliche Episoden um den Zimmermann Jesus von Nazareth und seine Anhänger, der ohne Religiosität und Frömmigkeit auskommt. Ein Lesevergnügen und eine Entdeckungsreise sowohl für moderne Christen als auch für Anhänger anderer Glaubensrichtungen.

Helmut Barthel

Ein Zimmermann in der Wüste

Taschenbuch, 86 Seiten, Preis 8,20 €
ISBN/EAN: 978-3-925718-35-9

Helmut Barthel

Fabulate

Randbemerkungen in zeitkritischen Prosabildern

Die Themen dieser Sammlung entstammen einem breiten Spektrum von Politik und Gesellschaft über Ökonomie, Medien, Repression, Umwelt, Klima und Katastrophen bis hin zu Sozialem, Philosophischem und Kulturellem. Der Autor nimmt Stellung zur Qualifikation von Raub und Zerstörung vom Anbeginn der Menschheitsgeschichte bis in die Gegenwart. Die punktuelle Präsentation seiner Sichtweise regt an, die Gedanken fortzusetzen. Kleine Anlässe fördern überraschend weit über das Problem hinausgehende Fragen zutage.

Helmut Barthel

Fabulate

Paperback, 284 Seiten, Preis 12,00 €

ISBN/EAN: 978-3-925718-40-3

Zwei Hörner und Ruß

Teufelsgeschichten

von Sedat Kalyoncu

Über Jahrtausende ist in die Köpfe eingedrungen, die strikte Umkehrung alles Guten und Sittsamen als auch die Aufhebung aller moralischen und zivilisatorischen Fesseln, in die ein- und untergeordnet der Mensch sich als gefügiges Wesen erfährt, als Teufelswerk zu bezeichnen. Dabei ist es völlig unerheblich, ob man an den Teufel glaubt oder nicht, seine Existenz steht außer Frage, wo immer die Widersprüche menschlicher Hoffnungen und fluchtgetriebener Perspektiven sich in den Stoff von Geschichten und Erzählungen wandeln. - Science-Fiction, Fantasy, Schauergeschichten, Märchen und Mythen sind willkürliche Grenzen der Literaturwissenschaft. Das geschriebene Wort kennt keine Barrieren. Teufelsgeschichten durchbrechen die Wände von Vorwurf und Ignoranz. Und sicher ist: Der Teufel hält Wort.

Sedat Kalyoncu
Zwei Hörner und Ruß
Teufelsgeschichten

Paperback, 288 Seiten, Preis 14,90 €
ISBN 978-3-925718-43-4

Brigitte Plath

Akilah tanzt

14 widergeistige Kurzgeschichten und Dialoge

Was wäre, wenn ... es ist nicht ausgeschlossen, dass festgefügte Vorstellungen bei der Lektüre von "Akilah tanzt" unversehens ins Wanken geraten. Wem also seine gewohnten Perspektiven allzu lieb und teuer sind, der lässt vielleicht besser die Augen von diesem Buch ...

Paperback, 123 Seiten, Preis 9,00 €
ISBN: 978-3-925718-39-7

⟵⟶

Brigitte Plath

Federfang

Satire- und Erzählgedichte

„Können die nicht Frieden halten?“,
sagt Herr Schulz zum Zeitungsrand
und versucht, sein Ei zu spalten
mit dem Messer in der Hand ...
(aus: Blutwurstfrieden)

Paperback, 114 Seiten, 9,70 €
ISBN 978-3-925718-36-6

Kirsten Barthel

Frize Fraze

Aus der Ferne

Die Frize Fraze wussten nicht, wo sie herkamen oder warum sie da waren, aber wer weiß das schon. Sie konnten auch nicht sagen, wo ihre Reise hingehen sollte. Sie kamen mit einem großen, rotierenden Raumschiff aus der Ferne und waren nach der Landung losgelaufen, um die Umgebung zu erkunden.

Alles war neu und alles war fremd ...

Für Kinder ab 2 Jahren

Kirsten Barthel

Frize Fraze - Aus der Ferne

Hardcover 19 x 25 cm
28 Seiten, Preis 17,00 €
ISBN/EAN: 978-3-925718-42-7

"Frize Fraze - Neue Welt" (Band 2) erscheint voraussichtlich im März 2022.

⟵⟶

Zwei weitere Kinderbücher von den Autorinnen Heike Buchholz und Petra Hansen sind in Vorbereitung.